Mort ou Vif

LES MÉMOIRES DE
BUTCH CASSIDY

Du même auteur

KKK, sous le pseudonyme Kenneth Ryan, Fleuve Noir, 1985
Guerre au Klan, sous le pseudonyme Kenneth Ryan, Fleuve Noir, 1986
Panorama des maîtres du polar étranger, l'Instant, 1986
Opération Rio Grande, sous le pseudonyme Kenneth Ryan, Fleuve Noir, 1987
Le Piège d'Alexandre, Syros, coll. « Souris Noire », 1988
Skinheads, Calmann-Lévy, 1988
Opération Chien Rouge, Éditions Caribéennes, 1989
AmeriKKKa, voyage en Amérique fasciste, Calmann-Lévy, 1989
Contes de l'Évasion ordinaire, La Brèche, 1992
Georges Arnaud : Vie d'un rebelle, Calmann-Lévy, 1993
L'Affaire Peiper, Dagorno, 1994

ROGER MARTIN

LES MÉMOIRES DE BUTCH CASSIDY

ÉDITIONS DAGORNO
7/9 Passage Dagorno, XXe

COLLECTION

Mort ou Vif

dirigée par Hervé Delouche

« Que les individus se soient élevés très au-dessus de leur race, cela ne fait guère de doute. Mais lorsque nous remontons le cours de l'histoire pour rechercher les traces de leur existence, nous devrions négliger toutes les biographies "des bons et des grands" et en revanche scruter minutieusement les minces rapports concernant les misérables morts en prison, à l'asile d'aliénés ou sur le gibet. »

Edgar Allan POE

Pour de bonnes ou de mauvaises raisons, certains individus sont un beau jour désignés à la vindicte. On veut les faire taire. On les cherche, morts ou vifs. Ces destins de rebelles ou de hors-la-loi sont célèbres ou occultés. Les plus connus ont peuplé nos rêves d'enfants. D'autres, plus oubliés, méritent d'être exhumés des archives, qu'elles soient ou non « classées ». La vie de ces hommes et de ces femmes, véritable révélateur d'une société, mêle le romanesque et l'histoire, la légende et la vérité. La collection « Mort ou vif » s'attachera à faire revivre ces deux aspects.

Au programme 1994

Cartouche, prince des voleurs, de Robert Deleuse (*paru*).
Viva Villa, de Gérard Delteil (*paru*).
Landru, le distingué amateur, de Pierre Drachline.
Cochise, l'ennemi chiricahua, de Patrick Mosconi.
Georges Guingoin, le Tito du Limousin, de Thierry Jonquet.

ISBN : 2-910019-11-X

Pour Claude Wharton, et pour François Hoffmann,
qui firent l'impossible...

...et à la mémoire d'Alexandre Wittenbach,
qui aimait les westerns et la révolution.

PROLOGUE

Les deux hommes étaient arrivés à la fin de l'après-midi. Leurs montures, de solides quarter-horses, semblaient épuisées. Les trois mules chargées d'un équipement de chercheurs d'or avaient décidé de ne pas faire un pas supplémentaire. Le plus grand des deux cavaliers avait sauté à terre avec une souplesse et une rapidité que ses traits fatigués n'auraient pas laissé supposer. Son visage, comme celui de son compagnon, était dévoré par une barbe hirsute, ses vêtements rapiécés couverts d'une fine poussière rougeâtre. Quand il s'était approché du jeune garçon qui gardait le poste de police en l'absence du caporal Gallego, le sourire étincelant qui avait alors fendu sa figure avait immédiatement rassuré la sentinelle. L'Américain — il n'y avait pas moyen de se tromper, c'étaient assurément des Yankees — puait atrocement, c'est vrai, mais pas beaucoup plus que les paysans de San Vicente ou les quelques soldats en patrouille qui venaient régulièrement prendre une bière mexicaine ou un mescal à la taverne, transformée en poste sans avoir pour autant rien perdu de sa destination première.

Le patio où les deux hommes s'étaient installés constituait à vrai dire le seul endroit de San Vicente où l'on pût trouver de quoi se restaurer. La nourriture, qui se résumait en général à une soupe de pois chiches et à des omelettes accompagnées de haricots rouges ou de poivrons qui vous arrachaient la bouche, ne faisait jamais défaut. Quant à l'alcool, mescal et eaux-de-vie diverses abondaient et les bières, curieusement, devaient aux sources qui couraient au fond de l'ancienne mine d'étain une fraîcheur redoutable pour les intestins fragiles. Tout cela expliquait pourquoi le village indien de San Vicente, situé non loin d'Uyuni, dans le sud de la Bolivie, recevait fréquemment la visite d'hôtes de passage, prospecteurs de toutes nationalités, éleveurs venus vendre leurs troupeaux à l'armée, et, naturellement, militaires chargés d'assurer l'ordre.

Les deux hommes étaient attablés à présent dans le patio et terminaient leur repas. Ils avaient payé d'avance, pour la nourriture, l'alcool et la pièce sans meuble ni lit qui allait les abriter pour la nuit. Ils avaient attaché leurs chevaux près de l'abreuvoir et déchargé les mules. Selles, sacs, couvertures, ils avaient tout empilé dans une pièce, à l'autre bout du patio.

Dehors, les mules s'en donnaient à cœur joie. Enfin délivrées de leur fardeau, elles prenaient un bain de poussière, soulageant avec des braiments retentissants leurs échines meurtries. Les deux hommes les regardaient faire en riant. Le plus grand avait vidé les cinq petits verres qu'il s'était préparés à l'avance et buvait maintenant à même le goulot, essuyant avec une maladresse croissante le liquide qui inondait des moustaches fournies et retombantes. Devant l'autre, la deuxième bouteille était encore remplie aux trois quarts lorsque le caporal Gallego fit son apparition. Il avait salué les étrangers et il vidait à son tour le verre qu'ils venaient de lui offrir lorsqu'une des mules qui se roulaient dans la poussière se redressa brusquement et se dirigea vivement vers l'abreuvoir. Gallego reconnut la bête sans la moindre hésitation. L'animal appartenait à son ami Ignacio, un muletier qui aidait aux transferts de fonds pour la paie des mineurs d'Aramayo, près de Quechisla. Il reposa son verre, sourit, remercia, s'excusa de ne pouvoir rester plus longtemps avec eux, mais le travail avant tout. Il était sûr qu'ils comprenaient.

Trois semaines auparavant, les convoyeurs de la mine en question avaient été attaqués et la paye dérobée par des « bandidos yanquis ». Il ne pouvait être certain que les deux hommes qui mangeaient et buvaient, heureux et confiants, si confiants même qu'ils n'avaient pas gardé leurs carabines à portée de main, alors qu'ils se savaient dans un poste de police, fussent bien les auteurs de l'attaque. Ils avaient bien l'air de types pas commodes, et leur aspect n'avait rien de très engageant, mais si on avait dû soupçonner quelqu'un sur de telles apparences, la moitié des voyageurs étrangers et des militaires boliviens aurait fini en prison. Gallego était un individu prudent. Si on s'était trompé, on pourrait toujours s'excuser.

Moins d'une heure plus tard, l'Indien qu'il avait envoyé discrètement se présentait au campement du capitaine Tupiza, à quelques kilomètres de San Vicente. Lorsque la sentinelle le fit entrer dans la petite pièce qui servait de logement au capitaine, celui-ci était en pleine conversation avec un homme, grand et sec, aux cheveux presque blancs, aux vêtements soignés, et un autre militaire bolivien, le major Espinosa. Les trois hommes parlaient en anglais et s'interrompirent aussitôt pour laisser l'Indien annoncer la nouvelle.

L'Américain aux cheveux blancs écoutait attentivement. Le sourire carnassier qui ponctua le départ de l'Indien montra qu'il maîtrisait suffisamment l'espagnol pour avoir saisi toute l'importance de son rapport.

Les deux Boliviens semblaient en proie à une violente agitation. L'homme aux cheveux blancs prit un ton inspiré :

— N'oubliez pas, Capitan, ils ne doivent pas sortir vivants, cette fois. Et méfiez-vous, en Argentine, ils avaient fini par s'en tirer.

Il fouilla dans le long manteau de toile qui balayait le sol autour de lui, extirpa une liasse de billets verts.

— Comme convenu, 5 000 avant, le prix de leur mort. Et 5 000 après, pour ce que vous savez. Je vous attendrai...

Dans la petite pièce sous le patio, les deux hommes riaient encore, se passant régulièrement une bouteille de whisky que le plus grand était allé chercher dans leurs paquetages. La nuit n'allait plus tarder et une pénombre apaisante les enveloppait.

L'un d'eux se mit soudain à chanter. Une chanson lente et mélancolique, belle aussi malgré la voix rauque.

As I walked out in the streets of Laredo,
As I walked out in Laredo one day,
I spied a young cowboy all dressed in white linen,
All dressed in white linen and clothed for the grave...

Au dehors, les quatre-vingt-dix hommes de la compagnie du capitaine Tupiza investissaient le minuscule poste de police, à pied, les chevaux ayant été placés sous la garde de deux sergents et cinq hommes de troupe au bord du rio presque à sec, à quelque trois cents mètres de là.

La voix montait toujours dans la nuit.

Once in my saddle I used to go dashin',
On in my saddle I used to look gay,
I first took to drinkin' and then to card playin',
Got shot in the breast and I'm dyin' today...[(1)]

À la demande des deux Américains, le caporal Gallego avait allumé des torches sous le patio. Sur les visages des soldats boliviens qui encerclaient le poste, la sueur creusait des sillons. Le capitaine Tupiza fit un signe et un sergent lui emboîta le pas, suivi d'un groupe de quatre hommes.

Dans la petite pièce sans porte, les deux hommes chantaient à présent de bon cœur.

Le capitaine sortit son revolver, entra dans la pièce en le braquant sur ses occupants, affalés à présent contre le mur.

— Rendez-vous, messieurs.

Les deux hommes tentèrent de se mettre debout. Le plus grand, qui n'avait pas cessé de chanter, tomba à la renverse. L'autre, au contraire, s'était redressé sans peine et, avant que le capitaine ait pu appuyer sur la détente, il avait tiré au jugé, de la hanche. Le Bolivien s'écroula, foudroyé. Les deux hommes se plaquèrent contre les pans de mur qui encadraient l'ouverture, les six-coups dégainés. Le sergent et ses hommes traversaient la petite cour du patio en hurlant de se rendre tout en tirant à tort et à travers. Les tirs croisés des Américains les couchèrent dans la poussière. Des éclairs déchiraient la nuit, des balles s'écrasaient avec un bruit

Voir les notes en fin d'ouvrage.

mat contre les épais murs d'adobe, ou s'en allaient en miaulant ricocher contre les armatures métalliques des installations minières abandonnées. Les soldats boliviens s'étaient déployés tout autour du bâtiment sous les ordres énergiques du major, et ripostaient par un feu roulant aux balles précises et meurtrières des Américains.

À l'intérieur, la situation était préoccupante. Les fusils et les munitions avaient été déposés étourdiment dans l'autre pièce, avec les selles et les couvertures. Le plus grand, dessoûlé presque instantanément, hurla dans le vacarme.

— Couvre-moi, je vais chercher nos armes.

Avec les fusils et des munitions en abondance, rien n'était perdu. Les Boliviens étaient courageux, certes, mais une fois les officiers abattus, les soldats y regarderaient à deux fois avant de poursuivre un combat inégal. Pour la plupart, c'étaient de jeunes hommes rentrés dans l'armée pour échapper à la misère.

Il se rua dehors en déchargeant convulsivement son revolver pendant que les balles de son compagnon sifflaient au-dessus de sa tête. Il sentit comme un coup de poing qui lui heurtait l'épaule gauche, chancela, tomba au beau milieu de la cour. Il lui restait encore la moitié du chemin. Il s'aplatit à terre, en partie caché par un cadavre encore chaud.

C'était celui d'un sergent, il le vit aussitôt à ses épaulettes. Il réprima un frisson. Des balles pleuvaient, il en entendit plusieurs s'enfoncer dans le corps qui lui servait de rempart.

Tout à coup, les torches s'éteignirent et il fit très sombre. La poussière et la fumée des armes se mélangeaient en formant un épais nuage. Des braiments effroyables s'élevèrent. Les mules affolées avaient rompu leurs attaches et galopaient en aveugles à travers la cour.

C'était le moment où jamais.

Il se redressa à demi, et se remit à progresser péniblement au milieu des cadavres et des flaques de sang. La fusillade redoubla et tout à coup, sans qu'il ait eu le temps de faire feu avec son second revolver, il s'abattit, face contre terre.

Il resta inerte un long moment, puis sa main gauche bougea, son bras se coula le long de son corps et il dégaina du côté gauche. Une ombre jaillit de la petite pièce, saluée par une salve nourrie dans le camp bolivien. Le blessé sentit qu'on le tirait en arrière, et il se fit le moins lourd possible. De temps en temps, la progression s'arrêtait sous une grêle de balles. À plusieurs reprises, il crut entendre son compagnon gémir et il eut la certitude que le sang qui inondait son cou n'était pas le sien. En face, on tirait sans désemparer...

Il avait réussi à ramener son compagnon, presque son frère, à l'adosser contre le mur qui faisait face à l'ouverture, et il essayait de faire couler un peu de whisky entre ses lèvres contractées. Bon dieu, le sang dégoulinait de partout. Une bonne dizaine de blessures, et une pâleur qui n'autorisait plus aucun espoir. D'ailleurs, lui ne valait guère mieux, et même s'il parvenait à tenter une nouvelle sortie et à récupérer les fusils, arriverait-il à aller bien loin ? Il se glissa jusqu'à l'entrée, passa le bras, lâcha un coup de feu au jugé. Il fallait retarder l'attaque finale, montrer qu'on n'était pas mort, qu'on pouvait encore faire des dégâts, qu'il valait mieux attendre dehors, avec, pour vous faire réfléchir, la vingtaine de corps fauchés au milieu de la cour.

Trois fois, il entreprit la traversée, trois fois il dut rebrousser chemin sous la fusillade, toujours plus nourrie, toujours plus précise ; trois fois il fut à nouveau blessé. De la dernière sortie, il rentra en rampant, l'odeur insupportable du sang et de la peur le fit vomir, et plus que tout, les relents de ce vomi lui donnèrent envie d'en finir à jamais. Il se traîna jusqu'à son compagnon qui respirait encore mais dont la vie semblait abandonner le visage livide. Il ramassa la bouteille, l'étreignit, en versant le reste sur le devant de sa chemise, là d'où montait la puanteur. Il voulut lâcher la bouteille, mais elle restait collée à sa main, et des filets de sang la striaient d'une couleur qui lui apparut plus noire que rouge. À ses côtés, le corps se tendit, les yeux s'ouvrirent faiblement et, sur les lèvres bleues qui tremblaient, il lut plutôt qu'il n'entendit une dernière volonté.

— Tue-moi. Tue-moi...

— On va s'en tirer, je te le jure... Si ça tourne mal, je t'obéirai.

La nuit est plus calme. Seules quelques fusillades sporadiques répondent, à intervalles de moins en moins rapprochés, à un coup de feu venu de la petite pièce où les deux hommes sont retranchés. À l'intérieur, seuls, rares et presque inaudibles, des gémissements disent que l'homme à la grosse moustache vit encore. Appuyé contre le mur, l'autre a ramené près de lui les cartouchières de son compagnon et du capitaine abattu. Elles sont vides toutes deux maintenant. Il ne lui reste que sept balles. Il est debout, son six-coups tonne à nouveau, déchaînant ceux qui en face se préparaient à un assaut massif, trop tôt persuadés de l'impuissance de leurs adversaires.

Il sent ses membres s'ankyloser. Bientôt il ne pourra même plus bouger. Il ne veut pas être pris vivant, il ne veut pas croupir dans une prison bolivienne en attendant le jugement et la mort. Qu'espérer d'autre, alors que dans la cour gisent les cadavres et râlent les mourants ? Il ne l'a pas voulu, et c'est peut-être cela qui ne lui laisse pas le choix. Il n'a nulle haine contre ces hommes et — mais qui pourrait le croire ? —, c'est la première fois qu'il a tué.

Si incroyable que cela paraisse, son compagnon vient de bouger. Des doigts cherchent à s'emparer des siens, y parviennent, comme s'ils voulaient les emprisonner. Sa main droite est libre, à demi posée sur le sol, étreignant toujours son arme. Il la regarde, n'arrive pas, dans l'obscurité, à discerner la chair et le métal. Il lui semble que le revolver n'est qu'une excroissance de sa main. Lentement, très lentement, il les soulève, épuisé par ce simple geste.

Le revolver est à hauteur de ses yeux ; il se tourne doucement, surprend un très léger mouvement de paupières dans le visage de son compagnon. Sa main gauche serre les doigts sans vie, son bras s'abaisse. Il a posé le canon encore chaud sur la tempe où le sang et la sueur ont formé avec les cheveux une tignasse d'épouvantail. Son doigt presse la détente. Sans résultat. Il n'a plus assez de force. Il respire bruyamment, recommence et la déflagration le fait tomber à la renverse. Il a lâché son arme. Il tâtonne dans la nuit, se brûle sur le canon. Il ne sent pas la douleur, un engourdissement le gagne.

Dehors, on tire à nouveau et les balles martèlent le mur qui ne cesse de s'effriter. Encore un effort et l'arme se soulève au bout de son bras ensanglanté. Il la fixe un long moment, approche le canon de son œil droit, l'enfonce contre sa paupière baissée. Le coup de feu déclenche une nouvelle fusillade rageuse qui se prolonge plusieurs minutes.

Le calme est revenu. Pas pour longtemps. Le major Espinosa donne des ordres. Tour à tour, par groupes de trois, les soldats boliviens vident leurs armes. Quand l'aube apparaît, la vallée retentit toujours des échos des détonations. La matinée s'achève sans que la fusillade ait faibli un instant.

À midi, Espinosa commande l'assaut. Sur une éminence de terrain, surplombant le rio, l'homme aux cheveux blancs observe la scène à la lunette. Il y a des heures que plus un coup de feu n'a été tiré, mais le carnage qui s'offre aux survivants commande la prudence.

Une odeur abominable les fait reculer. Les mouches, des blattes et même des scorpions sont déjà à l'œuvre sur les trois cadavres. On les traîne à l'extérieur, dans la cour du patio, où l'on est en train d'aligner ceux des soldats tués. Espinosa a fait le tour de la petite pièce. Il n'y a rien que les armes vides et inutiles. Ce qu'il cherche n'est pas ici. Gallego lui indique l'autre pièce, au bout du patio. Le major traverse la cour, ouvre la porte. Son regard glisse sur les fusils, s'arrête sur les selles et les paquetages. Gallego et deux hommes déroulent les couvertures, vident les fontes, dénouent les lanières et les sangles.

L'argent est bien là. Ce qu'il en reste en tout cas. Il n'y a pas eu erreur sur la personne. De l'or, des liasses de billets, des livres sterling, car la mine est anglaise, et des médicaments. Des pommades antiseptiques et cicatrisantes, des pilules contre les fièvres et les morsures venimeuses. Gallego tend au lieutenant des jumelles et une montre. Calée dans sa paume, Espinosa la contemple. Il n'a jamais vu pareille merveille. Il déchiffre sans peine l'inscription finement ciselée dans l'argent autour du cadran : Tiffany's - New York.

C'est tout. Il n'y a rien d'autre.

Le major paraît contrarié. Il passe lentement en revue les objets trouvés sur les Américains, reste un moment pensif puis ressort précipitamment dans la cour. En contrebas, les soldats sont déjà occupés à creuser une large fosse pour enterrer les cadavres au plus vite. D'autres soignent les blessés. Personne n'a touché aux bandidos yanquis. On attend le photographe. Jusque-là, ils resteront étendus, effrayants dans leur crasse, couverts de sang et de mouches. Espinosa s'approche, son coup de pied fait lever un nuage noir qui se repose aussitôt. D'un geste sec, un soldat arrache une branche touffue à un arbuste et vient fouetter les cadavres. Espinosa n'hésite pas. Il se met à fouiller le moins grand. Ses mains palpent les vêtements, descendent le long du corps, remontent. Il vient de sentir quelque chose de dur.

Il entrouvre le gilet de cuir. À l'intérieur, on a cousu une poche. Sa main s'y glisse fébrilement et réapparaît aussitôt. L'homme de troupe n'a pas cessé d'agiter sa branche. Espinosa lance quelques ordres brefs, s'éloigne, rejoint à pied le fond du rio.

L'homme aux cheveux blancs vient d'y descendre à son tour. Il mange. Les soldats aussi, mais debout contre un tronc d'arbre. Il pioche dans une boîte de conserve.

Espinosa sourit : — Vous n'avez pas confiance en notre nourriture, señor ?

L'homme lui a rendu son sourire.

— Ce qui compte, Major, c'est que j'aie confiance en vous... Vous avez ce qui m'intéresse ?

Le major l'a pris par le bras et l'entraîne le long du rio. Quand ils sont hors de vue, il tire de sa tunique déchirée une espèce de livre et le tend à son interlocuteur.

Celui-ci le prend en main, l'examine longuement, sans l'ouvrir. La couverture est de cuir fauve, patinée, et balafrée à deux endroits. L'une des marques est ancienne. Une main experte l'a passée au cirage et adouci ses bords. L'autre est fraîche encore. En cadre, court un liseré d'or fin, comme celui des lettres qui s'étalent au milieu de la couverture :

Georges LeRoy Parker
MEMORIES

L'Américain enfouit le livre, vivement, dans une profonde poche intérieure de son manteau de toile. D'une autre, il sort un rouleau de billets, le tend au major qui le fait disparaître prestement.

Pour l'homme aux cheveux blancs, qui s'éloigne vers le sud, vers le chemin de fer, c'est la fin de l'histoire.

AVERTISSEMENT

Il y a quelques années, je m'étais rendu à Denver, au Colorado, pour rechercher des documents sur une des multiples tragédies américaines, l'assassinat légal par pendaison de dix-neuf révolutionnaires d'origine irlandaise, dans le comté de Schuylkill, Pennsylvanie, en 1875.

Il s'agissait de mineurs coupables d'avoir créé un syndicat et de s'être battus pour une amélioration de leurs conditions de travail. L'histoire, et le cinéma, par le truchement d'un chef-d'œuvre de Martin Ritt, ont gardé leur nom : les Molly Maguires.

Mais pourquoi Denver ?

Selon les bonnes vieilles méthodes patronales, les mineurs en grève avaient été infiltrés par des informateurs. Un consortium composé de compagnies minières et ferroviaires avait offert 100 000 dollars à l'agence Pinkerton pour casser le mouvement. À jamais.

L'homme clé de l'infiltration, James Mc Pherson, s'appelait en réalité James P. Mc Parland. Quand il eut déposé comme seul témoin à charge au procès de ses anciens camarades, il quitta la Pennsylvanie pour monter en grade : on lui confiait la direction du bureau de l'agence Pinkerton à Denver. Pour mesurer l'importance de cette promotion, il suffit de savoir qu'à l'époque l'agence Pinkerton employait huit cents détectives à plein temps, dépendant de trois bureaux régionaux installés à New York, Chicago et Denver.

À la bibliothèque municipale, j'appris pas mal de choses sur le personnage. Les archives des Industrial Workers of the World (2) complétèrent utilement le portrait. Elles révélaient le rôle de Mc Parland dans l'organisation, en 1905-1906, du complot accusant les syndicalistes Moyer, Haywood et Pettibone de l'assassinat de l'ex-gouverneur Stuenenberg. La machination avait tourné court cette fois, et l'enquête avait permis d'apporter un éclairage nouveau sur les activités passées de Mc Parland. On eut même la preuve que ses agents, trente ans plus tôt, avaient été les véritables auteurs d'actes imputés aux Molly Maguires, au nombre desquels comptait l'exécution de deux responsables syndicalistes modérés, le mineur Edward Coyle et l'ingénieur Bradley.

Mais c'est ailleurs qu'une surprise de taille m'attendait. Dans le bâtiment luxueux de l'agence, qui poursuit les activités lancées il y a plus de 150 ans par la famille Pinkerton, le modernisme n'a pas totalement étouffé le passé. Certes, classeurs ultramodernes à encombrement réduit et ordinateurs occupent l'essentiel de l'espace, et les vieux dossiers ont été détruits après passage sur microfilms, mais il reste une pièce de proportions tout à fait convenables qui ne doit rien au *design* ni à l'informatique. C'est une reproduction du bureau tel qu'il existait dans la deuxième moitié du XIXe siècle. On y a gardé tout ce qui pouvait présenter un intérêt historique ou anecdotique sur la saga des Pinkertons.

J'y découvris, dans un désordre surprenant mais sympathique, de très nombreux portraits de malfaiteurs arrêtés, des lettres en abondance, dont quelques-unes mises sous verre. Ainsi celle d'un président des États-Unis félicitant l'agence pour son rôle aux côtés des nordistes, pendant la guerre de Sécession, les remerciements ampoulés des héritiers de la duchesse de Devonshire pour la récupération du fameux portrait de leur ancêtre par Gainsborough, ou plus curieusement, ceux de sir Arthur Conan Doyle au détective William J. Burns, qui le conseilla pour sa célèbre *Vallée de la peur*, remarquable récit qui présente malheureusement l'histoire des Molly Maguires du strict point de vue des compagnies minières et de l'agence Pinkerton.

J'avais dû inspirer confiance. Je pus regarder et toucher le Stetson troué de Flat Nose George Curry, le pic à glace avec lequel l'agent des messageries David Trousdale — qui ne dédaignait pas jouer les infiltrateurs — avait tué Ben Kilpatrick, dit le Grand Texan, diverses armes à feu ayant appartenu à des hors-la-loi célèbres. On me laissa en outre feuilleter des dossiers racornis et une collection de livres qu'une solide reliure de cuir avait relativement préservés. Leurs auteurs étaient invariablement Allan Pinkerton ou son fils, A. Franck Pinkerton. Un œil grand ouvert surmontant la devise de l'agence — « Nous Ne Dormons Jamais » — ornait toutes les couvertures aux titres explicites.

Les Gitans et les Détectives, *Les Molly Maguires et les Détectives*, *Grévistes, Communistes, Vagabonds et les Détectives*, *Le Détective du chemin de fer*, *Cinq Mille Dollars de récompense*, tels étaient quelques-uns des titres en question.

Une lecture en diagonale suffit pour me persuader qu'il y avait loin de la vérité historique à ces recueils à sensations, nettement hagiographiques. C'est alors, en replaçant sur son étagère le volume *Détective pendant trente ans*, que je tombai sur un bouquin en moins bon état, dépourvu de la devise et du logo de l'agence. On arrivait péniblement à déchiffrer les lettres qui jadis avaient dû être dorées. Elles ne se devinaient aujourd'hui que par le creux que le fer avait laissé dans le cuir tendre. Ce ne fut pas le titre *Memories* qui attira mon attention, mais le nom de leur auteur. À deux centimètres du bord supérieur, on lisait en effet George LeRoy Parker.

Personne ne pouvait me voir, sinon ma fébrilité n'aurait pas manqué de susciter l'étonnement, ou des craintes sur mon état mental. J'ouvris les *Mémoires*, car c'était bien de cela qu'il s'agissait. Une feuille de papier en tomba, qui s'effrita quand je la ramassai. C'était un reçu. James P. Mc Parland reconnaissait avoir reçu en mains propres du détective Charles A. Siringo, le journal intime trouvé sur le cadavre de George LeRoy Parker, ainsi qu'une montre de gousset en argent, ayant appartenu à son compagnon, Harry Longabaugh.

Le volume n'était pas très épais, et paraissait entièrement manuscrit. Je ne pris pas le temps de réfléchir. Craignant qu'on puisse me refuser d'en faire un jeu photocopié, je le glissai sous ma veste, dans le dos, maintenu par ma ceinture. L'après-midi, j'étais de retour à l'agence. La photocopie était faite, et je n'eus aucun mal à le remettre à sa place.

Ce sont ces *Mémoires* dont vous allez pouvoir prendre connaissance aujourd'hui.

Naturellement, les noms de George LeRoy Parker et de Harry Longabaugh ne vous disent peut-être pas grand-chose.

Alors, si vous préférez, appelons-les autrement. Butch Cassidy et Sundance Kid par exemple...

« Je n'ai jamais tué un homme de ma vie, juge Powers, parole d'évangile. Je n'ai jamais volé un seul individu — seulement les banques et les compagnies de chemin de fer qui ont dépouillé les gens pendant des années. »
Butch Cassidy

Je ne suis pas écrivain. Je dois en avertir ceux qui liront un jour ces Mémoires — si toutefois ceux qui me tueront ne les détruisent pas — et qui s'attendraient à y trouver la prose vigoureuse de M. Jack London ou l'humour de M. Mark Twain, pour ne citer que ceux des auteurs dont on parle qui me semblent présenter quelque talent. Non, si j'ai décidé d'écrire ces Mémoires, c'est parce que je veux être jugé pour mes actes et non pour ce que la police et les journaux me mettront sur le dos quand je ne serai plus là pour les démentir.

D'ailleurs, cette décision n'est pas bien vieille. Elle remonte à quelques années. Je m'appelais alors James T. Ryan, et je vivais en Argentine, dans la province de Chubut, avec monsieur et madame Place, ou si vous préférez, Harry

Longabaugh, dit le Sundance Kid, et sa compagne, Etta Place. En 1902, nous avions demandé, avec succès, une concession de terre en Argentine, l'air des États-Unis nous étant devenu très malsain. Nous n'avions eu qu'à nous féliciter de cette décision. Chevaux, bovins, moutons, — pour ceux-ci, ça n'avait pas été facile de vaincre l'opposition du Kid qui gardait un souvenir cuisant de l'installation de fils barbelés dans le Wyoming — nos troupeaux ne cessaient de prospérer, et, au risque de passer pour un vantard, je vous affirme que ça marchait plutôt bien pour nous. Vous ne le savez certainement pas, parce qu'on nous représente toujours en train de tirer des coups de feu, de vider des verres, de courir les putes ou de faire du vélocipède, mais Sundance et moi on était parmi les meilleurs cow-boys qu'on ait jamais rencontrés.

Si vous en doutez, allez questionner nos employeurs. Tiens, monsieur H.B. Adsit, au Colorado, par exemple. Il a toujours son ranch là-bas, au pied du mont Lone Cone, à soixante kilomètres au sud de Telluride. Quand j'ai travaillé pour lui, en 1888-1889 — je ne connaissais pas encore le Kid, et je faisais équipe avec Matt Warner —, Adsit exploitait déjà cinq cents hectares qui s'étendaient entre les rivières Dolores et San Miguel. Il y avait cinq mille têtes de bétail et deux mille chevaux. Bien sûr, on a vu plus gros depuis, mais croyez-moi, c'était impressionnant et on n'avait guère le temps de s'amuser. Eh bien, Adsit ne jurait que par nous et quand arrivait le moment de convoyer les troupeaux aux marchés et aux foires aux bestiaux, jamais il n'aurait voulu d'autres cow-boys pour l'escorter. Vous vous dites sans doute que c'est ma version des faits ? Alors jugez vous-mêmes !

À l'été 89, Matt et moi, faut bien dire ce qui est, on en avait un peu marre. Si on ne se donnait pas un peu d'action, on allait s'encroûter complètement, et j'avais préparé un petit quelque chose. On avait expliqué à Adsit qu'on devait absolument repartir dans l'Utah et qu'il y avait peu de chances qu'on revienne travailler avec lui. Il était effondré. On ne pouvait pas lui faire ça, on était ses meilleurs employés, il s'arrangerait un mois ou deux, mais il voulait à tout prix nous revoir. Pour un peu, on serait restés chez lui. Il nous amena à l'écurie, choisit ses deux meilleurs chevaux et il me dit avec de l'émotion dans la voix : « Mike — je vous expliquerai plus tard pourquoi il m'appelait Mike —, je sais que t'es pas un voleur de chevaux, alors tu reviendras. »

Comment aurait-on pu faire autrement ? On avait décidé, Matt et moi, de revenir travailler chez lui, le coup accompli, pendant que les frères Mc Carty — nos associés d'alors — partiraient vers le nord, mais la Providence, ou plutôt la malchance, fut contre nous. La banque de Telluride n'avait pas posé de problèmes, mais en tirant au sol pour calmer un caissier qui faisait du zèle, voilà que mon cheval se cabre et essaie de me désarçonner. J'ai piqué des deux, mais mon chapeau est tombé par terre et on est partis comme si on avait eu l'enfer à nos trousses. C'était d'ailleurs à peu près ça. On a galopé sans s'arrêter jusqu'à la cabane près du gué où nous attendaient d'autres montures, celles d'Adsit justement, et on est repartis à bride abattue. On dévalait la petite route de Keystone Hill quand on a aperçu, trop tard, un cavalier qui venait dans notre direction en faisant des moulinets avec son Stetson au bout de son bras. C'était Adsit qui allait à la ville.

— Qu'est-ce qui se passe ? a-t-il crié, et sans s'arrêter, en le croisant, j'ai répondu : « Pas le temps de parler. Vous en faites pas pour vos chevaux. Adios ! »

Eh bien, Adsit ne nous a jamais dénoncés. J'en suis sûr. En 1894, quand j'ai été arrêté et jugé, on a essayé de me mettre sur le dos le braquage de Telluride et il a été convoqué devant le tribunal. Tout ce qu'il a déclaré, c'est qu'il nous avait employés, Matt et moi, qu'il n'avait jamais eu de meilleurs cow-boys et qu'aucun des quatre hommes qu'il avait croisés sur la route de Telluride ne nous ressemblait. Vous voyez ?

Bref, en Argentine, on s'en tirait bien. Le problème, c'est qu'en 1905, Ben Kilpatrick, un des meilleurs garçons de la Horde Sauvage, en prison à Saint Louis pour l'attaque du *Great Northern Express n°3*; le 3 juillet 1901, à laquelle votre serviteur doit reconnaître sa participation, Ben, donc, s'est débrouillé pour me faire parvenir un message à Chubut. Ma mère se mourait, là-bas, à Circleville, dans l'Utah.

Je ne vous ai pas encore dit que c'est le patelin où j'ai grandi, un bled plein de mormons. Je sais pas pourquoi je précise ça, puisque, à part quelques Indiens qui ont échappé aux massacres, il n'y a que des mormons dans cet État. Moi, même tout jeunot, j'ai jamais beaucoup cru à toutes leurs histoires, mais compte tenu de l'origine de ma famille je suis au courant de tout. Il faut dire que ce qui leur était arrivé n'a rien de banal, et je ne crois pas vous casser les pieds en vous en racontant un morceau.

Mon grand-père s'appelait Robert Parker, et il est resté dans la saga des mormons comme le chef de l'expédition des charrettes à bras. Ça ne vous dit rien, parce qu'à part les mormons, tout le monde se fiche de cette expédition. Mon grand-père et ma grand-mère, accompagnés de leurs enfants, avaient été convertis à la religion mormone en Angleterre, où ils menaient une vie qui n'avait rien de très agréable. À cette période, ça chauffait pas mal pour les mormons en Amérique. Ils avaient été chassés de Nauvoo, la ville promise qu'ils avaient fondée dans l'Illinois, et leurs chefs, Joseph Smith et son frère, emprisonnés pour bigamie, avaient été lynchés dans leur prison. Les mormons avaient repris leur bâton de pèlerin et s'étaient installés dans la vallée du Grand Lac Salé. Ils avaient alors fondé leur État, Deseret — ce qui signifie abeille en mormon des Tables — qui occupait l'équivalent des Montana et Utah actuels.

Tout se passait plutôt bien, les Saints des Derniers Jours avaient réussi à faire jaillir l'eau dans le désert, à faire pousser des récoltes bibliques, à ouvrir et exploiter de nombreuses mines de cuivre et Brigham Young, le successeur de Joseph Smith, avait été nommé gouverneur avec les félicitations du gouvernement américain. Tout allait pour le mieux dans le meilleur des mondes quand cet abruti de Young déclare la polygamie obligatoire au Deseret ! Ça n'a pas traîné, on leur a envoyé les troupes fédérales, on leur a retiré le droit de vote et confisqué leurs biens.

C'est alors que le président — c'est comme ça qu'on appelle le chef de l'Église mormone — a ordonné à tous les mormons du monde de traverser les mers pour venir peupler et défendre le Royaume. On a vu alors rappliquer des milliers d'immigrants. Mes grands-parents faisaient partie des plus pauvres, ceux qui venaient d'Angleterre, de Suède et du Danemark. C'était en 1856, et il leur fallait accomplir, du Missouri jusqu'à Salt Lake City, un parcours de plusieurs centaines de kilomètres, à pied, en tirant à bras d'hommes des chariots, dans lesquels avait été entassé tout ce qu'ils avaient pu mettre de côté pour la terre promise.

Plusieurs milliers d'hommes, de femmes et d'enfants partaient ainsi au plus mauvais moment, en septembre, parce que le président avait déclaré que le Seigneur retiendrait les neiges et ferait obéir le temps pour leur permettre d'arriver sains et saufs. Et dire que non seulement ils croyaient à ces fariboles mais qu'en plus, à l'arrivée, malgré les centaines de morts de faim, d'épuisement et surtout de froid, ces naïfs le remercièrent d'avoir veillé sur eux !

Pas mon grand-père. Le malheureux avait dû à son titre de pasteur en Angleterre et à une extraordinaire force physique de se voir confier l'expédition. Mon père, Maximilian, l'aîné des enfants, avait alors douze ans. C'est lui qui, avec sa mère, dut creuser la tranchée dans le sol gelé, sous un mètre de neige, pour l'enterrer, lui et les autres victimes de cette journée-là. Après avoir été au premier rang, tirant, poussant, frayant la piste sous les tempêtes et les avalanches, un matin, on l'avait retrouvé mort sous le drap de vilaine bure qui lui servait de couverture.

Ma grand-mère et ses enfants, eux, avaient été sauvés et, pour les requinquer, on les gava à l'arrivée de melons d'eau. Mon père ne savait même pas que ça existait et le vieux forban — il est toujours vivant et bien vivant, lui ! — attrapa ce jour-là une colique à faire sortir un mort de sa tombe. Après, il devint guide pour les nouveaux immigrants, combattit dans la guerre contre les Indiens de Faucon Noir avant de se marier avec ma mère, Ann Campbell, de s'installer près de Circleville et de lui faire sept enfants.

Le premier, en 1867, c'est moi, George LeRoy Parker. Comme ça, vous savez mon âge, parce que dans les feuilles de chou qui parlent de nous, je ne sais pas pourquoi, mais on ne me donne jamais mon âge véritable.

Mais je me suis un peu éloigné de mon sujet. Donc, je venais d'apprendre que maman allait mal. J'ai toujours beaucoup aimé maman. Je pense que vous comprendrez que je ne pouvais pas la laisser partir comme ça, et j'ai préparé mon retour au pays.

Ça peut vous paraître curieux, mais je n'eus pas trop de mal à revenir dans l'Utah. Bien sûr, les Pinkies étaient toujours après moi, et tout spécialement en cette année 1905, où des informateurs m'avaient révélé qu'un de leurs agents, un certain Frank DiMaio, avait débarqué à Buenos Aires, rencontré les autorités du pays, et distribuait partout des tas d'affichettes promettant des primes pour notre capture. Mais, justement, ils avaient cessé de surveiller aux États-Unis et je pus arriver sans encombres au ranch Marshall. C'était le ranch de mes parents, mais il avait gardé le nom du précédent propriétaire, le vieux Jim Marshall, à qui mon père l'avait acheté alors que j'étais un gamin. C'est là que j'ai grandi. C'est là que j'ai appris tout ce que je sais de la vie. Quand mon père en fit l'acquisition, le ranch était le repaire d'une bande de voleurs de bétail qui travaillaient pour le vieux Jim, et dont mon père garda la plupart parce que c'étaient d'excellents cow-boys et des garçons qu'on ne pouvait s'empêcher d'aimer. Vous trouvez ça bizarre, mais c'était comme ça. Vous devriez vous rappeler la guerre du comté de Johnson, les bons n'étaient pas toujours du côté de la loi, surtout si elle reste toujours au service des mêmes. C'est au ranch que j'ai grandi. Ma mère et mon père s'occupaient de mes études, si on peut employer ce mot, et si elles furent un peu chaotiques, et trop versées sur les choses de la religion, elles me permettaient quand même de passer partout où je me trouvais, pour un jeune homme bien éduqué. D'ailleurs, ces Mémoires que je suis en train d'écrire vous le montrent assez.

Sans mes mormons de parents, je me serais retrouvé, comme le Kid, incapable de lire ou écrire, ou peu s'en faut. Je dois avouer cependant que mes meilleurs souvenirs ne vont pas aux quelques heures hebdomadaires consacrées à l'étude ou à la lecture des Tables mormones. Non, mon enfance et mon adolescence ont été façonnées par un homme singulier que j'admirais au point qu'un jour je ne me fis plus appeler autrement que par son nom. Je suis fou ? Si vous voulez ! Cet homme s'appelait alors Mike Cassidy. Ça y est, vous comprenez pourquoi M. Adsit m'appelait Mike ? Mike était le meilleur cow-boy de tous les temps. Les autres gosses de mormons travaillaient rarement dans les ranches. La plupart préféraient aller se louer dans les mines tout autour de Telluride, qui marchaient alors à fond. C'était tout aussi fatigant que le boulot à la ferme, mais ça payait nettement plus. Pourtant, ça ne me tentait pas. Il faut dire que j'étais déjà un mordu des grands espaces. M'enfermer, à l'époque, ç'aurait été ma mort.

Mike m'a tout appris. À monter d'abord, parce

qu'en ces temps-là on ne pouvait être voleur de chevaux sans monter parfaitement. Et sur un cheval, Mike était tout bonnement un as. Mais son éducation ne se bornait pas à ça. C'est lui qui m'enseigna le maniement du lasso — « Tu t'en tires mieux que les Mexicains », me répétait-il, et dans sa bouche, c'était un fameux compliment ! —, le marquage des veaux et des taurillons, et, surtout, le tir.

Ça n'était pas courant, les cow-boys armés. C'était même plutôt rare. D'abord, essayez de faire tout le travail d'un cow-boy avec un six-coups au côté, vous m'en direz des nouvelles, mais dans l'Utah et au Colorado, ça arrivait assez souvent cependant. Mike tirait remarquablement. En gros, je l'accompagnais jour et nuit à travers la prairie et nous passions notre temps à faire la même chose que la moitié des habitants de Circle Valley. On partait pour le désert — il était presque partout — ou les collines, à la recherche de tout animal non marqué. Quand on en avait trouvé un, un jeune naturellement, on le séparait de sa mère, il devenait un *maverick*(3) et on lui imprimait au fer rouge la marque de notre ranch.

Mike avait fait ça pendant des années pour le vieux Jim et il continua pour le compte de mon père. Quel intérêt y avait-il ? Mike était lui-même un *maverick*. Travailler pour des éleveurs c'était sa raison sociale, comme on dit maintenant. Ça lui fournissait une couverture et notez bien que jamais il n'a tenté de rouler Jim ou mon père, qui lui faisaient toute confiance. Le reste du temps lui appartenait et il rassemblait du bétail égaré pour son propre compte.

Je vous l'ai dit, je passais le plus clair de mon temps avec lui, et en quelques années, je suis devenu un homme d'un mètre soixante-seize pour soixante-dix-huit kilos, costaud comme un taureau et, sans vouloir me vanter, infatigable.

Curieuses fréquentations pour un fils de mormons, c'est ce que vous pensez sûrement. Eh bien, croyez-le ou pas, Mike me tenait à l'écart de ses activités illégales. Celui que j'accompagnais, celui qui était mon mentor, était l'employé modèle du ranch Parker. Ça n'est qu'un peu plus tard que je me suis mis à trafiquer avec lui. Je vous le raconte, parce que sans vouloir me justifier ni me trouver des excuses, je dois expliquer que sans une injustice profonde, je n'aurais peut-être jamais mal tourné.

C'était en 1886, je venais de fêter mes dix-neuf ans et j'étais allé à la ville avec un peu d'argent en poche. Comme un imbécile, au lieu de rester à Circleville, je m'étais rendu à cheval jusqu'à Gardfield. Ça peut paraître idiot, mais c'est pas parce que moi-même je n'étais pas mormon qu'il fallait que je fasse jaser en jouant aux cartes et en fréquentant les danseuses du saloon de Circle. Alors, j'avais poussé plus loin.

À Gardfield, les filles étaient plus fraîches, plus nombreuses, parce qu'à Circle ne venaient que celles dont on ne voulait plus ailleurs. Et surtout, on ne m'y connaissait pas. J'avais passé une bonne partie de la soirée avec une fille très gentille, bien qu'un peu vieille pour moi — elle avait au moins vingt-huit ans et il lui manquait des dents — quand j'ai rejoint une tablée de poker. Je suis assez habile à ce jeu, ou plutôt je croyais l'être avant de rencontrer le Kid, et je n'ai pas tardé à gagner.

Un par un, mes partenaires ont quitté la table, mais le dernier ne voulait rien entendre et quand il s'est retrouvé sans un cent, il a voulu jouer son cheval et sa selle. Je ne sais pas ce que vous feriez, mais moi je ne joue pas un cheval. Sans monture, ici, un homme est mort. Mais j'ai dit va pour la selle. Je dois dire qu'elle en valait la peine. C'était un modèle mexicain, à harnachement espagnol, avec la sangle fixée près de l'avant, sous la partie antérieure du ventre. J'aurais préféré une selle à deux sangles qui permet une grande sécurité quand on veut attraper de gros animaux au lasso, mais celle-ci, avec ses sacoches de cuir derrière le troussequin et ses incrustations de clous de laiton, avait assez fière allure.

Je mis en garde une dernière fois l'autre joueur. Je savais qu'une selle pareille, il lui avait fallu au moins huit mois de salaire pour se la payer, mais il ne voulut rien entendre. Il était persuadé que la chance allait tourner et qu'il allait se refaire. Une demi-heure plus tard, il était liquidé, et, lesté de plus d'argent qu'il ne m'en fallait, j'allai finir ma nuit avec Bessie — c'était ainsi que s'appelait ma conquête. Quand les coups dans la porte me réveillèrent, il était à peine sept heures du matin. Je me retrouvai à la prison du comté sous l'accusation d'avoir volé la selle du fils de Maynard Hopkins, un des plus gros propriétaires terriens de la région.

Le shérif ne voulut même pas entendre mes explications. La selle me fut arrachée, on me reconduisit aux limites de la ville, non sans que les deux adjoints du shérif — ils avaient tout de malfaiteurs professionnels — ne m'aient infligé une sévère correction. C'est à partir de ce moment-là que je suis entré au service de l'« autre » Mike Cassidy, le voleur de bétail.

Je m'aperçois que je me suis éloigné encore une fois de ce que j'avais commencé à vous raconter. J'étais donc de retour à Circleville, sans avoir rencontré ceux qui avaient juré de me jeter en prison ou plus vraisemblablement de me liquider pour empêcher que certaines vérités puissent être révélées lors d'un procès. Le ranch avait peu changé. Pour y arriver, c'était encore une affaire de spécialistes. Ce n'était pas pour rien qu'il avait servi de cache et de repaire pour Mike et sa bande. Une nature sauvage, quasiment hostile, des rochers, des précipices, des gorges encaissées et des ravins escarpés en protégeaient les abords. À quelques kilomètres de chez moi, Laura Bullion, une des trois femmes qui furent d'authentiques membres de la Horde Sauvage, m'attendait et me confirma que personne ne m'avait tendu de piège et que mes amis avaient fait en sorte qu'il n'y ait aucun voisin pour veiller ma mère cette nuit-là. C'est en effet la coutume, dans l'Utah, et spécialement chez les mormons, que les voisins viennent veiller les mourants, à tour de rôle. Ce dont elle ne m'avait pas averti, c'est que deux surprises m'attendaient, dont l'une m'attrista cependant que l'autre me consterna. Mon père n'était pas là. Il y avait plus de cinq années que je ne l'avais pas rencontré et il avait choisi de m'éviter. Quant à ma mère, la pâleur de cire de son visage ne me laissa aucun doute. C'est une morte que je venais de retrouver. Elle paraissait terriblement menue dans la grande pièce centrale où son corps avait été installé pour recevoir le dernier hommage des amis et des voisins, et, pendant les quelques heures que je passai près d'elle, je me remémorais les images de ma jeunesse qu'elle avait embellie de son amour et de sa force, car, en véritable femme de pionnier, elle avait déployé toute sa vie une énergie qui me paraissait aujourd'hui incroyable au regard de ce corps d'enfant vieilli qui me glaçait le cœur. Elle était morte, je l'appris par Laura en repartant, le 1er mai, sans pouvoir serrer dans ses bras le fils qu'elle n'avait jamais cessé de défendre et d'aimer. Cette nuit-là, si un Pinkerton, ou un marshall, avait tenté de m'arrêter, il n'aurait rencontré aucune résistance.

J'avais pris, comme quatre ans plus tôt, le train de New York, où j'avais décidé de rester quelques jours avant de rembarquer pour l'Argentine. J'avais besoin de m'étourdir, de noyer le chagrin qui m'étreignait. Je fis les bars, mais, contrairement au Kid, je n'ai jamais su m'oublier dans l'alcool, je jouai un peu, je parcourus les mauvais lieux, augmentant mon désespoir avec des putains sans âme qui ne ressemblaient pas aux danseuses de ma jeunesse. Et c'est alors que se produisit l'événement.

Un soir où j'errais près du Bowery, mon attention ne put manquer d'être attirée par les vociférations suraiguës d'un petit homme chauve qui n'hésitait pas à tirer les promeneurs — une foule dense et pauvrement habillée de laquelle montaient des sonorités que mon oreille n'identifiait pas ; je compris plus tard qu'il s'agissait de langues de pays lointains et encore bien mystérieux, du polonais, du russe — par le bras pour les faire pénétrer dans ce qu'il appelait le *nickelodeon*[4], pour y assister aux exploits de Butch Cassidy et de la Horde Sauvage. Je le suivis docilement, payai les cinq cents qui avaient motivé le nom des lieux et me retrouvai dans une grande salle sombre et noire. Il y avait là, me sembla-t-il, des centaines de pauvres gens qui hurlaient et trépignaient et je vis face à moi, un homme coiffé d'un large chapeau qui me tirait dessus. Oh, pas sur moi seulement ! Il était gigantesque et les plis qui tout à coup firent grimacer sa figure patibulaire me révélèrent soudain qu'il n'était qu'une image reproduite mystérieusement sur une espèce de grand drap blanc. Je découvrais le cinématographe.

À vrai dire, l'aboyeur avait triché sur la marchandise. Le film, comme on désigna devant moi cette succession d'images impressionnantes, avait beau s'intituler *Le Vol du rapide*, il ne relatait pas réellement une affaire à laquelle j'avais été directement mêlé, mais l'attaque d'un train de l'Union Pacific par un bandit sanguinaire qui ressemblait fort à mon ami Kit Curry. Il faut croire que mon nom était gage de recettes pour qu'il fût ainsi lancé dans la foule en guise d'appât ! Cette histoire durait presque dix minutes et je dois avouer que je restai stupéfait.

C'est devant ce spectacle que je pris la décision définitive de ces Mémoires. On nous montrait bien en train de dynamiter le coffre et de voler tout l'argent et les valeurs qu'il contenait, mais nous ne réussissions qu'au prix de trois meurtres. Nous assassinions successivement un mécanicien, un employé des postes puis un voyageur tentant de s'enfuir. Et lorsque la police nous abattait à notre tour à la fin, c'était le délire dans cette foule misérable et victime des exploiteurs que la Horde Sauvage avait fait plier.

Je n'ai jamais encore tué un homme et Dieu m'assiste, lui ou quiconque en aurait le pouvoir, j'espère n'avoir jamais à en arriver à pareille extrémité.

Il me faut à présent m'interrompre. La prochaine fois, je vous en raconterai un peu plus sur mes débuts dans la carrière de hors-la-loi, mais pour l'heure d'autres tâches m'attendent. Demain, le Kid et moi allons nous présenter à l'embauche aux mines Concordia à La Paz. Et ce soir, il nous reste à choisir les noms que nous donnerons alors à nos futurs patrons !

Avant tout autre chose, je dois m'excuser auprès de vous, mes lecteurs éventuels — je dis bien éventuels parce qu'il faut le reconnaître, j'ai de plus en plus l'impression désagréable que cette histoire pourrait bien se terminer avant que j'aie pu inscrire le mot « fin » au bas de la dernière page. M'excuser, parce que je fais comme si j'allais vous retrouver le lendemain, et que je reste des mois sans donner de nouvelles. Quand je me relis, je m'aperçois que je devais vous parler de mes débuts de hors-la-loi et que je vous ai laissés au moment où le Kid et moi, nous allions nous faire embaucher à la mine de Concordia.

Et, même là, il est évident que j'allais, une fois encore, mettre la charrue devant les bœufs. Pourquoi évoquer cette période si je ne vous ai pas éclairés auparavant sur les événements qui l'avaient précédée ?

Si vous le voulez bien, je vous retiendrai le temps de raconter comment nous avions abouti en Amérique du Sud.

Au pays, tout allait mal. Mon compagnon des débuts, Elza Lay, avait été capturé près de Carlsbad, et on l'avait condamné à la prison à perpétuité, pour l'attaque à main armée du train *Overland Flyer* de l'Union Pacific, le 2 juin 1899. Lonny Logan, lui, avait crevé comme un chien dans la neige du Missouri, alors que les Pinkies et les détectives privés des messageries Adams, qui l'avaient traqué un bout de temps, auraient pu lui sauver la vie. Et puis, ç'avait été le tour de Bob Lee, condamné à dix ans pour une banale attaque de train. Et surtout, en avril 1900, un comité de Vigilantes — des tueurs assermentés, ni plus ni moins — avait abattu, sans lui laisser la moindre chance de se rendre, mon ami George Curry, qui était revenu du Mexique pour se rendre au chevet de sa fille, à Thompson Springs, dans l'Utah. Le pauvre George, Nez-de-bœuf, comme on l'appelait entre nous, avait été victime d'un traquenard. Sa fille se portait en réalité còmme un charme. C'est un garçon qui n'a jamais eu de chance, notre Nez-de-bœuf. Même sa mort, on la lui a volée.

À part un ou deux journaux qui ont raconté à peu près la vérité, les canards de l'Ouest comme ceux de l'Est, pour donner dans le sensationnel, ont fait exprès de le confondre avec un autre. Ils ont pris — pour moi, c'était volontaire — Flat Nose George Curry, notre camarade, pour un hors-la-loi mort depuis vingt ans, Big Nose George Parrott. Vous connaissez l'histoire ? Peut-être bien que non, le temps passe si vite. Je vous la raconte rapidement, parce qu'elle est authentique et atroce et qu'elle montre clairement que tous ces types qui nous pourchassaient, Vigilantes, chasseurs de primes, shérifs ou marshalls, pour ne rien dire des agents de Pinkerton, n'étaient vraiment que des fripouilles et des assassins avec licence de tuer.

Parrott n'était pas un tendre, c'est vrai, et lors d'une chasse à l'homme qui suivait l'attaque d'un train de la Union Pacific, lui-même ou un de ses gars, je n'en sais fichtre rien, avait abattu deux adjoints du shérif d'Elk Mountain, dans le Wyoming. Deux ans plus tard, Big Nose fut arrêté dans le Montana et transféré à Rawlins, Wyoming, pour y être jugé. On le condamna à la potence et, jouant son va-tout, il tenta de s'échapper. Vainement. C'est alors qu'entrèrent en scène les citoyens modèles du comté de Carbon. Sous l'impulsion des Vigilantes, ils envahirent la prison, sans rencontrer, disons-le, une résistance farouche. Big Nose George fut roué de coups puis pendu haut et court à un poteau télégraphique. Alors, la fine fleur des gens comme il faut défila devant son cadavre, qu'on avait décroché, les plus doux se contentant de le couvrir de crachats, les autres bourrant le corps disloqué de coups de pied. Les femmes n'étaient pas en reste et, c'est de notoriété publique, celles qui baissèrent ses pantalons pour vérifier la présence de semence virile, confirmant la croyance que les pendus éjaculent quand la corde les étrangle et brise leur nuque, n'étaient pas des catins de Main Street, mais des élégantes bien mises, dans leurs vêtements et leurs parfums de Paris.

La civilisation était en marche, rien ne pouvait plus l'arrêter et la journée du lendemain fut une véritable journée de fête pour Rawlins.

Au programme des réjouissances, rien moins que l'écorchement de Big Nose. Les justiciers se partagèrent des parties entières de son corps. Les bowie-knives [(5)] entrèrent en action, maniés par des gens qui accusaient les Peaux-Rouges de cruauté. Avec la peau tailladée de sa poitrine, ils façonnèrent une paire de souliers de dame, des bandelettes pour affûter les rasoirs et une blague à tabac. Les lambeaux prélevés dans son dos permirent de confectionner une mallette de médecin. Oh, bien sûr, on avait préalablement tanné le tout !

Vous ne me croyez pas ? Alors renseignez-vous ! Les souliers furent exposés pendant plusieurs années à la Rawlins National Bank, je les y ai vus de mes propres yeux. C'est le Kid qui m'y avait emmené. Vous ne le savez peut-être pas, mais le Kid est justement un gars du Wyoming. De Sundance, précisément, et c'est pour ça qu'on lui a donné son surnom. Le but, vous l'avez compris, était de faire peur à ceux qui auraient voulu suivre l'exemple de Big Nose George. Comme si ça pouvait arrêter quelqu'un, dans une région où les ouvriers tombaient comme des mouches dans les mines d'or ou d'argent et où il était bien plus dangereux de gagner sa vie honnêtement que de jouer les brigands de grands chemins.

J'ai lu quelque part que les chaussures en peau de Big Nose, son masque mortuaire en plâtre et les menottes qu'il avait portées sont la propriété du gouvernement du Wyoming, mais ça, je n'en suis pas sûr, je l'ai lu, simplement.

C'est pas seulement pour raconter une anecdote que j'ai évoqué cette tragédie, c'est pour vous faire comprendre qu'au Far West, comme disaient les journaux qui mettent là-dessous aussi bien le Wyoming que le Texas, qui est à l'autre bout, on était peut-être les méchants, mais il n'y avait pas de « bons » en face de nous. Et le Seigneur de mon enfance, fallait qu'il soit foutrement malin pour séparer le bon grain de l'ivraie !

Enfin, le tableau ne pouvait pas être plus noir pour ceux qui avaient représenté le dessus du panier du Syndicat des voleurs de trains...

Je me rends compte que je vous parle du Syndicat comme si je vous avais déjà expliqué de quoi il retournait. Il faut avouer qu'écrire un bouquin est une tâche autrement délicate que marquer un taurillon ou dévaliser une banque de moyenne importance. Tant pis, je reviendrai là-dessus un peu plus tard, si toutefois il y a encore un plus tard.

Ça ne pouvait donc plus continuer comme ça, il fallait faire quelque chose. Si curieux que cela paraisse, je me suis retrouvé dans une situation où j'avais le choix. J'hésite à écrire les lignes qui vont suivre parce que j'ai bel et bien peur que vous me preniez pour un sacré menteur. Et pourtant tout ce qui va suivre est la vérité vraie.

Quand tous les malheurs que je viens de narrer étaient arrivés, j'étais comme qui dirait sur la touche. Après l'attaque de l'*Overland Flyer*, j'avais réussi à gagner l'Arizona puis le Nouveau-Mexique. Sans forfanterie, je dois dire que ç'avait été un véritable exploit. C'était la saison la plus chaude de l'année et nous avions eu à traverser quelques-uns des pires déserts de la terre. C'était un coup de maître car la rapidité avec laquelle nous avions réussi à arriver à Alma suffisait à nous créer un alibi. Personne ne pouvait raisonnablement penser la chose possible. À plusieurs reprises, pendant que nous crachions nos poumons dans le désert, rissolés le jour, glacés la nuit, je me rappelai la légende familiale et l'expédition des charrettes à bras qu'avait emmenée mon grand-père. Peut-être, après tout, avais-je hérité de quelques traits de son caractère.

À peine arrivé sur place, j'adoptai une attitude qui m'avait déjà réussi dans le passé ; je me mis à la recherche de travail, et je n'eus aucun mal à convaincre Elza Lay et Harvey Logan que c'était la seule voie à suivre. Au premier saloon, j'appris que la plus grosse exploitation de la région, le ranch W.S., recherchait des cow-boys. Deux heures plus tard, nous étions embauchés. Nous ne le savions pas, mais nous ne tardâmes pas à l'apprendre, le ranch périclitait depuis des mois car plusieurs employés étaient de mèche avec un groupe de voleurs de bétail sans envergure qui le pillait avec constance et sans risques excessifs.

En moins d'une semaine nous nous rendîmes indispensables. J'étais devenu Jim Lowe, Elza William H. McGinnis et Harvey répondait au nom de Tom Capehart. Notre coopération n'était pas pure hypocrisie. D'abord, on ne pouvait pas ne pas se prendre d'amitié pour William French, un Paddy (6) têtu et chaleureux auquel le propriétaire, un Anglais qui habitait dans l'Est, avait confié la responsabilité de l'exploitation. Et puis, peut-être que nous aspirions, sans en avoir pleinement conscience, à retrouver la vie honnête de notre entrée dans le monde.

Quoi qu'il en soit, je restai là plusieurs mois et je fis embaucher plusieurs autres garçons de la Horde Sauvage qui donnèrent pleine satisfaction. Elza commit l'erreur de me quitter et il lui arriva ce dont j'ai parlé plus haut. French le vit partir avec des regrets sincères, mais il comprit l'argument que lui avait avancé Elza : il avait été embauché comme cavalier et dresseur de chevaux, pas comme vacher, et un mois lui avait suffi pour mener la tâche à bien.

Je comptais pour ma part continuer à travailler au ranch W.S., et French, qui avait compris, peut-être pas qui j'étais, mais en tout cas ce que j'étais, multipliait les allusions rassurantes sur son attitude en cas de visite des autorités. Mieux, à plusieurs reprises, il évoqua devant moi la compréhension du gouverneur de l'Utah, M. Wells, qui n'avait pas hésité en plusieurs occasions à faire confiance à des hors-la-loi repentis recommandés par des shérifs ou des hommes de loi.

J'avoue que la chansonnette de French, qu'il entonnait de plus en plus fréquemment, avait fini par me trotter par la tête du petit matin au plus profond de la nuit. Après tout, je n'étais coupable d'aucun crime de sang, je pouvais en faire la preuve, et j'étais prêt à rembourser l'équivalent des sommes des attaques qui m'étaient alors reprochées.

Bien sûr, je n'étais pas bête au point de revendiquer celles qu'on ne songeait pas à m'attribuer ni celles pour lesquelles subsistait ce que la justice appelle un doute raisonnable. Alors, un jour, je fis ni une ni deux, j'avertis French que j'avais à faire ailleurs pendant quelque temps et lui promis de revenir. Il n'essaya pas de me retenir, pas plus qu'il ne me fit de morale. Je crois qu'il avait parfaitement saisi ce que je me préparais à faire.

Après quatre jours de route, je pénétrai dans Ogden, Utah, où j'étais pourtant soupçonné de divers méfaits et même, mais je ne le savais pas encore, où j'étais recherché pour l'attaque du train de Folsom, alors qu'il s'agissait d'une initiative d'Elza, de Harvey et des frères Ketchum à laquelle j'étais resté étranger. Pour la circonstance, Elza avait conservé son pseudonyme de William H. McGinnis, mais Harvey, qui adorait les changements d'état-civil, s'en était choisi un nouveau, G.W. Franks. Cela ne m'arrêta pas, et l'épisode vous en dira long sur l'état d'esprit qui était alors le mien.

Un jeudi, à dix heures du matin, après une bonne nuit au *Tabernacle Hotel* — tout seul, sans alcool ni femme — lavé et rasé de frais, je poussai la porte du bureau du plus grand et du plus célèbre juriste de l'État, le juge Orlando W. Powers. Les propos qui vont suivre sont très fidèlement ceux que nous avons échangés lors de cette rencontre, dès que la secrétaire du juge m'eût introduit dans son bureau aux murs entièrement recouverts de livres reliés de cuir plus épais les uns que les autres, c'est la stricte vérité. Si vous ne me croyez pas, il vous est possible de vérifier auprès du juge, qui exerce toujours dans l'Utah.

Moi : Je désirerais vous poser quelques questions, Monsieur le Juge, et je ne crois pas me tromper en pensant que tout ce que je pourrai vous dire restera strictement confidentiel...

Le Juge : C'est parfaitement exact. Vous pouvez vous sentir entièrement libre dans l'exposé de votre cas. De quoi s'agit-il ?

— Je m'appelle George LeRoy Parker, et je suis plus connu sous le nom de Butch Cassidy. Ça vous dit quelque chose ?

— Parfaitement. Qui ne vous connaît pas dans nos contrées ? Moi-même j'ai été associé avec le juge Preston dans l'affaire Matt Warner, et il me parlait souvent de vous. Il était persuadé, comme d'ailleurs les journaux, que c'est vous qui aviez fourni les fonds pour la défense de Matt. Il se trompait ?

— Eh bien, Monsieur le Juge, peut-être ben que oui, peut-être ben que non. En tout cas, il a passé de l'eau

sous les ponts depuis cette histoire et Matt a fini par sortir de prison... Je viens vous trouver pour quelque chose de très différent. Je ne suis pas dans la panade mais j'ai besoin d'un avis, le vôtre. Je veux abandonner le banditisme et marcher droit. Les dés sont pipés et la chance tourne. On ne peut espérer gagner à chaque fois. Matt a passé plusieurs années en prison, Bob Meeks a laissé une jambe dans une tentative d'évasion, Elza a failli y passer et il est au trou et George Curry y est carrément resté. Un jour ou l'autre ce sera mon tour. Je crois que c'est le moment ou jamais d'arrêter avant que je ne descende plus profond et qu'il ne soit trop tard.

Le juge m'écoutait sans rien dire, se contentant de faire bouger imperceptiblement son fauteuil à bascule. Son regard perçant ne me lâchait pas une seconde, comme s'il cherchait à me jauger, à savoir exactement à qui il avait affaire.

— Monsieur le Juge, vous avez sûrement connaissance des faits qui me sont reprochés. Rien de très recommandable. Mais je ne suis pas aussi mauvais qu'il y paraît. Je n'ai jamais tué quelqu'un de ma vie, parole d'évangile. Je n'ai jamais dévalisé un particulier — seulement les banques et les compagnies de chemins de fer qui grugent les gens depuis des années. Je ne suis au courant d'aucune accusation grave retenue contre moi dans l'Utah, à part peut-être pour l'affaire de Castle Gate, où ils ne peuvent rien prouver.

— Et qu'attendez-vous de moi ?

— Juste une chose, monsieur le Juge. Vous êtes le meilleur juriste de l'État. Ce n'est pas à vous qu'on apprendrait quel est le bout qui va devant. Vous avez une influence considérable. Aussi j'ai pensé que vous pourriez peut-être voir avec le gouverneur, pour que je sois amnistié ou quelque chose de ce genre, de façon que je ne sois pas

inquiété si je me range et que je promets de marcher droit. Et ça, je vous en donne ma parole d'honneur. Y a-t-il quelque chose que vous puissiez faire ?

Pendant que je lui expliquais tout ça, le juge s'était levé. Il faisait les cent pas à travers la grande pièce. La longue cape qu'il ne quittait jamais semblait voleter autour de lui. Je voyais bien qu'il était en proie à une agitation intense.

— *Très franchement, dit-il enfin, j'aimerais pouvoir vous aider. J'ai un préjugé* a priori *plutôt favorable à votre égard, mais je crains de ne pouvoir faire grand-chose. Le gouverneur n'a pas le pouvoir de vous gracier pour un crime pour lequel vous n'avez pas été jugé. Il n'a pas plus celui de vous garantir une amnistie future, ni d'empêcher les poursuites pénales. En outre, ses prérogatives ne s'étendent pas aux autres États où vous avez commis des délits et des crimes. La vérité, monsieur Cassidy, c'est que le jour même où vous vous serez installé quelque part, tout homme ou institution détenant quelque charge ou mandat contre vous n'aura de cesse de vous harceler, de vous traîner devant les tribunaux et votre fortune ne suffira pas à assurer les frais de votre défense. Je vous donne un exemple : qu'est-ce qui pourrait empêcher les administrateurs de la banque de Telluride de vous faire arrêter pour l'attaque de 1889 ? Et même si vous obteniez la grâce gubernatoriale, et rien n'est moins sûr, après un procès et une condamnation, vous ne seriez pas plus tôt libéré que des policiers du Wyoming vous attendraient sur les marches du palais de justice pour vous extrader et vous faire juger pour l'attaque du train, à Wilcox. Cassidy, si vous voulez un conseil d'ami, quittez les États de l'Ouest et même les États-Unis et tentez un nouveau départ dans un pays où vous n'êtes pas connu. Le Canada, par exemple, ou l'Amérique du Sud.*

Je remerciai le juge pour ses conseils. Il savait davantage de droit que moi et il avait sans doute raison. Mais ce qu'il ne pouvait connaître, c'était la lassitude de l'homme aux abois. Et, après un bon moment de déception et même, disons-le tout net et sans rougir, de désespoir, je décidai qu'il valait mieux, comme on dit, faire confiance au bon dieu qu'à ses saints. J'allais m'adresser directement au gouverneur Wells. J'écrivis au shérif Parley Christensen, celui-là même dont French m'avait confié les efforts couronnés de succès pour faire gracier deux jeunes hors-la-loi de Manti. Non seulement il me répondit, mais il m'obtint une entrevue avec le gouverneur, dans son palais de Salt Lake City. Parley connaissait parfaitement ma carrière et il pensait que ma reconversion, comme il disait, ne pourrait qu'être bénéfique à la société.

Le gouverneur m'écouta gravement et finit par déclarer que si je n'étais responsable d'aucun crime de sang, il ferait tout son possible pour accéder à ma requête. Il m'expliqua qu'il allait confier une enquête à l'attorney général et que j'aurais une réponse dans les huit jours. D'ici là, je devais rester dans la ville et m'y tenir à carreau.

Faut-il vous préciser dans quel état d'euphorie je baignais ? Je m'imaginais déjà reprendre mon travail avec French, mettre de côté — et récupérer discrètement l'argent en sûreté dans mes caches — avant de diriger mon propre ranch ! Sitôt gracié, je me serais mis en campagne pour obtenir le même traitement pour d'autres garçons de la Horde Sauvage, je les aurais embauchés et nous aurions montré de quoi nous étions capables.

Hélas, ma seconde rencontre avec le gouverneur sonna le glas de mes espérances. L'attorney général, dit-il, avait pioché dans ses dossiers et en avait retiré la preuve que je m'étais rendu coupable d'au moins un meurtre. J'eus beau protester, demander des précisions, expliquer, quand on me les donna, que le meurtre en question avait été perpétré par un des frères Ketchum, que j'avais été l'artisan de leur éviction de la Horde Sauvage, le shérif Parley eut beau plaider mon cas avec la passion de l'abolitionniste qu'il avait été, rien n'y fit.

Je n'avais pas le cœur à retourner au Nouveau-Mexique marquer les veaux et les taurillons. Puisqu'ils refusaient mes propositions de paix et de travail honnête, je leur ferais voir à tous que la Horde Sauvage avait encore de l'avenir sous la conduite de Butch Cassidy.

Je chevauchai jusqu'à Brown's Hole où la plupart des garçons s'étaient repliés après la tempête des derniers mois. Par tempête, vous avez compris que je désigne le sort contraire à nos dernières entreprises. J'étais là depuis trois ou quatre jours, lorsque j'eus la surprise de voir arriver chez nous le juge Preston, qui travaillait à présent comme avocat et que j'avais chargé depuis quelque temps de mes intérêts. Il venait porteur de la plus invraisemblable proposition qu'il m'ait été donné d'entendre au cours de ma carrière.

À nouveau, je crains que vous ne croyiez encore à quelque formidable blague de ma part, tant la chose peut paraître saugrenue. C'était le juge Powers qui l'avait chargé de ce message. Apparemment, le juge avait été ébranlé par le ton de sincérité qui avait été le mien lors de notre entrevue, et il avait fini par conclure que me conseiller de partir à l'étranger n'était sans doute pas la meilleure solution. De lui-même, il s'était rendu au siège de la Union Pacific Railroad, où on le connaissait fort bien — je vous ai déjà dit que c'était le meilleur homme de loi de l'Utah — et il leur avait tenu à peu près ce langage : « Cassidy était dans mon bureau il y a peu. Il veut abandonner le brigandage et rentrer dans le droit chemin. Il craint qu'alors vous le poursuiviez pour de vieilles affaires. Je lui ai conseillé de partir à l'étranger, mais à mon avis il ne suivra pas ce conseil et s'il continue ses attaques de train, comme il est nettement plus intelligent et habile que ses comparses arrêtés, cela risque, messieurs, de vous coûter un tas d'argent, sans compter les pertes humaines toujours à redouter. J'ai bien retourné le problème dans tous les sens, et je crois que j'ai trouvé une solution qui pourrait agréer à tout le monde. Si la compagnie acceptait de passer l'éponge sur son passé, j'essaierais de rencontrer à nouveau Cassidy. Avec votre accord, je lui proposerais un emploi de garde sur vos trains, avec un salaire convenable. Je suis persuadé qu'il se montrerait un employé modèle, comme cela s'est trouvé dans le passé pourvu qu'il fût tombé chez un patron qui lui fît confiance. Je vous laisse à penser, messieurs, l'incidence de cette nouvelle sur d'éventuels pilleurs de trains ! En quelque sorte, messieurs, le salaire de Cassidy constituerait une espèce d'assurance contre le vol.»

Si incroyable que cela puisse paraître, les dirigeants de la compagnie acceptèrent l'offre, à une réserve près. Selon eux, introduire dans leur personnel leur plus farouche adversaire posait quelques problèmes moraux et ils proposèrent que je sois embauché par l'agence Pinkerton. Au juge, qui s'étonnait de cette suggestion lors de la seconde rencontre avec les dirigeants de la Union Pacific, l'un d'eux expliqua que James Mc Parland, chef de l'agence pour tout l'Ouest, avait donné un accord enthousiaste, estimant qu'un « repenti » met bien plus de cœur à l'ouvrage qu'un employé classique. Je ne savais pas exactement s'il s'agissait là d'une théorie ou d'une analyse née d'une longue expérience professionnelle, mais j'en appris un jour beaucoup sur Mc Parland et je dois avouer qu'il savait de quoi il parlait.

Cependant, le juge Powers avait dit à Preston de ne pas me faire part de cet aspect des choses, je n'en fus informé que plus tard. Sans doute craignait-il ma réaction. Car on vous la fera peut-être à vous sur l'histoire des Pinkertons, mais pas à un gars de l'Ouest comme moi. Je ne vous en dirai pas plus pour le moment, autrement vous ne saurez jamais pourquoi nous sommes venus en Amérique du Sud. Suffit de savoir que de toute façon les négociations échouèrent.

J'avais donné mon accord à Preston pour une rencontre avec un responsable de l'Union Pacific, mais j'avais tenu à fixer le lieu et la date. J'avais choisi Lost Soldier Pass, pour dix jours plus tard, ce qui me donnait largement le temps de gagner les parages et de me préparer à la rencontre. Lost Soldier Pass se trouve à environ soixante-dix kilomètres de Rock Springs, sur l'ancien raccourci de la piste de l'Overland Stage. C'est sauvage en diable, je connais parfaitement le coin et même s'il y avait un piège là-dessous, j'étais sûr de ne pas tomber dedans.

Le jour du rendez-vous, il n'y avait personne. J'attendis jusqu'à la tombée de la nuit puis quittai les lieux. En plein soleil, je ne risquais rien, mais la nuit tout peut arriver. Avant de partir, j'écrivis un mot que je calai sous une pierre plate, au pied du cèdre solitaire qui servait de lieu de rendez-vous. J'avais écrit : « Maudit soyez-vous, Preston. Vous m'avez doublé. J'ai attendu toute la journée mais personne ne s'est montré. Vous direz aux gens de l'Union Pacific d'aller se faire voir. Et vous pourrez les accompagner. »

Je revis Preston à Brown's Hole quelque temps après. Je lui dis en face ce que je pensais d'eux tous et il me jura ses grands dieux qu'il n'y avait pas eu la moindre volonté de trahison, qu'il s'était mis en route en chariot avec deux émissaires de la Union Pacific mais qu'une tempête les avait égarés et qu'ils avaient perdu presque deux jours à retrouver la piste.

Le pauvre Preston avait l'air si marri et désespéré que je finis par le croire et j'étais prêt à une nouvelle tentative lorsque, un excellent whisky irlandais aidant, il se mit à en dire plus long que je n'en savais et révéla l'arrangement mis au point entre la Union Pacific et l'agence Pinkerton. Mon sang ne fit qu'un tour. Devenir garde à bord des trains, pourquoi pas ? Je connaissais toutes les ficelles, et, croyez-moi, mon travail aurait été beaucoup plus préventif que répressif. Mais devenir un Pinky, ça c'était vraiment au-dessus de mes forces.

Je ne reviens pas là-dessus, mais nous dans l'Ouest, nous savions que ces types-là sont prêts à tuer père et mère, que jamais ils ne se sentent si à l'aise que dans la peau de mouchards, d'agents provocateurs et de briseurs de grèves. Pinky, Butch Cassidy ? Plutôt la mort !

Avec tout ça il ne me restait pas grand-chose à faire. La seule porte de sortie, c'était donc l'Amérique du Sud. Le Canada avait été éliminé d'office parce que le Kid prétendait qu'avec les accords d'extradition qui avaient été signés entre ce pays et le nôtre nous serions « rapatriés » dans les quinze jours qui suivraient notre installation, mais la vérité — ça va vous paraître très curieux de la part d'un garçon aussi robuste et résistant que lui — c'est que le Kid avait peur du froid et de la neige ! Selon lui, c'était depuis qu'il avait pris une balle de .45 dans le haut de la poitrine. En revanche, il ne tarissait pas d'éloges sur l'Argentine. Il avait lu un article sur les immenses possibilités qu'elle offrait à des hommes trempés et aventureux et compétents en matière de bétail, et il n'en démordait pas. Enfin, ça, c'était sa version des faits, mais moi, qui étais bien placé pour savoir que le Kid était incapable de lire son propre nom, j'aurais dû me douter qu'il y avait une femme là-dessous. Quand je l'eus compris, il était déjà trop tard.

Mais n'anticipons pas, comme dirait Buffalo Bill dans les petits fascicules où le journaliste Ned Buntline prête au plus grand menteur de l'Ouest les exploits les plus extravagants ! L'Amérique du Sud, il n'était pas question d'y aller sans biscuit et je me mis au travail d'arrache-pied.

Je ne vous ai pas dit que j'avais un bon réseau d'informateurs et je finis par apprendre de l'un d'eux — je ne regrettais pas de l'avoir grassement payé pendant deux ans pour presque rien — que le train n° 3 de la Union Pacific allait transporter 100 000 dollars destinés à la Banque des Philippines. Le 29 août 1900, lorsque le train entra en gare de Tipton au Wyoming, le coup était déjà minutieusement monté. Et quelques kilomètres plus loin, nous l'attendions dans un endroit idéal où une courbe très marquée et une déclivité importante allaient le forcer à un net ralentissement.

Nous étions quatre. Le Kid, Harvey Logan, qui avait encore une fois changé de nom — depuis la mort tragique de George Curry, il ne se faisait plus appeler autrement que Kid Curry — et Charley Hanks, dit Charley le Sourd.

Logan, le Kid et moi nous sautâmes à bord pendant que Charley récupérait les chevaux et venait nous attendre un peu plus loin, là où nous avions prévu d'arrêter le train. Trois minutes plus tard, le Kid et moi nous surgissions du tender sur la cabine du mécanicien et nous le forçâmes sous la menace de nos revolvers, mais sans brutalité, à arrêter son convoi. Comme je l'avais prévu, le train était bloqué dans une pente très prononcée, ce qui nous convenait à la perfection. Je donnai l'ordre au mécanicien de détacher les wagons du courrier et de la messagerie mais au lieu de m'obéir, ne voilà-t-il pas que cette tête de pioche d'Irlandais — ça se voyait comme le nez de Big Nose Parrott au milieu du visage — se met en demeure d'enjamber la plate-forme du premier wagon. Le Kid commençait à s'énerver et il lui crie : « Nom de dieu de merde, tu vas détacher ces wagons et plus vite que ça. On va pas y passer la nuit ! » Vous auriez dû voir ça. Le spectacle du Kid en pétard, ça valait le déplacement. Il s'en bouffait les moustaches. Et notre homme qui, au lieu de s'exécuter, nous répond du tac au tac et sans manifester la moindre crainte : « Faites votre boulot, moi je fais le mien. Et le mien, c'est d'abord de serrer les freins partout. Si je détache les wagons de la loco, ils vont dévaler la pente et tout le monde sera tué. Alors, que ça vous plaise ou non, je vais d'abord serrer les freins dans tout le convoi ! » Et le voilà qui nous plante là !

Le fou rire m'a pris et je l'ai suivi, le Kid sur mes talons, qui grommelait comme c'est pas possible. Il a traversé tout le train, serrant les freins et disant aux passagers de ne pas s'affoler, que le convoi ne tarderait pas à repartir et ensuite, on est tous descendus. Les autres cheminots ont été rassemblés sous la garde de Ben Kilpatrick et je suis allé avec Kerrigan — c'était le nom du brave mécanicien — jusqu'à l'objet de nos attentions, le wagon des messageries. L'employé qui s'y trouvait s'y était barricadé. J'appris par Kerrigan qu'il s'appelait Woodcock. Le mois d'avant, il se trouvait dans le train de Wilcox que mes camarades avaient dévalisé et il avait été blessé lorsque ils avaient fait sauter à l'explosif la porte qu'il refusait d'ouvrir. J'essayai de raisonner le pauvre garçon à travers la lourde porte de métal, mais je dois dire que s'il finit par céder c'est grâce aux objurgations du mécanicien, pas aux miennes. Figurez-vous que ce Woodcock était persuadé de défendre les biens de la société, alors que les 100 000 dollars du wagon étaient destinés à financer une intervention des États-Unis dans les Philippines. Depuis 1890, en effet, date à laquelle notre pays avait été déclaré « officiellement peuplé », on ne cessait, à commencer par nos présidents, Mc Kinley puis Theodore Roosevelt, de préparer les esprits à l'annexion de Cuba et des Philippines, en attendant d'aller encore plus loin. Mais je recommence à m'évader...

Donc Woodcock sort, et pendant que le Kid et Logan commencent à « faire la quête » — c'est comme ça qu'on disait entre nous — parmi les voyageurs, récoltant plusieurs centaines de dollars, vingt montres de gousset, autant de revers et sept épingles à chapeau ou à cheveux en or, je me mis à l'ouvrage sur le coffre-fort.

La Union Pacific n'avait cessé de se moderniser et ses coffres n'avaient plus guère à voir avec ceux de mes débuts. Ils disposaient à présent de ce qui se faisait de plus résistant dans le monde, des monstres fabriqués en France par la société Fichet. Impossible de les ouvrir par les moyens traditionnels et pas question de les emporter avec nous. Il fallait faire vite. Je demandai l'heure à Kerrigan. L'Irlandais tira sa montre du gousset, me renseigna, avant de me la tendre : « Je suppose que vous voulez aussi celle-là ? » me dit-il. Je ris franchement. « Garde ta montre, mon gars. La Horde Sauvage et Butch Cassidy ne touchent pas aux biens des ouvriers. Et puis, pour toi, il s'agit quasiment d'un instrument de travail. »

Pour la première fois depuis le début de notre intervention, je vis quelque chose qui ressemblait à un sourire se dessiner sur la figure de Kerrigan.

Je ficelai autour du coffre trois charges d'explosifs, fis dégager le mécanicien et Woodcock qui roulait des yeux comme une femme sur le point d'accoucher et mis le feu à la mèche unique. Heureusement qu'on s'était pas mal reculés, parce que j'avais dû être un peu trop large avec les charges ; l'explosion fut incroyablement forte et des morceaux du wagon des messageries furent littéralement soufflés à vingt mètres à la ronde. Quand je pus enfin m'approcher du coffre éventré et fumant je ramassai la somme royale de 50 dollars et 40 cents !

Vous avez compris, je pense, que même si une partie de l'argent s'était envolée ou avait été brûlée, le coffre n'avait jamais contenu les 100 000 dollars annoncés. Le plus beau, c'est que la Union Pacific fit publier dans les journaux que nous nous étions emparés ce jour-là de 55 000 dollars. À la fois pour appâter les mouchards et autres dénonciateurs, pour dresser contre nous les honnêtes gens et surtout, à mon humble avis, pour rouler les assurances.

Heureusement, comme j'en avais pris l'habitude, nous avions prévu deux relais avec des chevaux frais. Nos guetteurs nous apprirent qu'à peine le train entré en gare de Green River, avec deux heures de retard, un posse de vingt-cinq hommes embarquait à bord d'un train spécialement affrété par un des deux responsables de la Union Pacific que j'avais rencontrés, Timothy Keliker. Il y avait là du beau monde, comme nous l'apprîmes par la suite. Le marshall Hadsell, de Rawlins, les shérifs Mc Daniels de Carbon County et Swanson de Sweetwater County et surtout le marshall-adjoint Joe LaFors, qui, pour des raisons que je n'ai toujours pas élucidées, allait devenir notre ennemi juré et s'acharner à notre perte.

C'était cependant un peu tard, et, le 5 septembre, ils étaient tous de retour à Rock Springs, la queue entre les jambes.

Mais est-ce que nous pouvions nous vanter d'être en bien meilleure posture ? Certes, je n'étais pas mécontent du tour joué à la Union Pacific, mais comment partir pour l'Amérique du Sud sans des fonds solides ?

Il ne fallait pas moisir au Wyoming et surtout ne pas tenter d'y faire un nouveau coup. Dans la hâte, mais sans la précipitation qui aurait pu nous être fatale, j'utilisai néanmoins d'autres informations pour un nouveau « prélèvement » dans un autre État. C'est ainsi que nous avions pris l'habitude de désigner les opérations qui voyaient d'importantes sommes d'argent passer des coffres de la Union Pacific ou de puissantes banques dans nos caches. Certains appelaient ça « restitution », d'autres encore « redistribution », nous, à la Horde Sauvage on avait préféré « prélèvement ». Nous n'avions pas inventé la formule. C'était le juge qui avait fait condamner Matt Warner quelques années plus tôt, qui lui avait dit lors du procès, quand Matt, très justement, eut expliqué qu'il n'avait pas l'impression de voler lorsqu'il s'en prenait à des grandes compagnies qui escroquaient le pauvre monde : « Ainsi, monsieur Warner, vous vous faites l'apôtre des théories anarchistes qui menacent les pays civilisés. Vos vols ne sont plus que "restitution", "reprise individuelle", et pourquoi pas "prélèvement" ? Bientôt vous irez prétendre que vous faites œuvre de charité ! »

C'est une des seules fois où on a trouvé qu'un juge disait des choses intéressantes et, ma foi, on a gardé sa formule, ce qui, au fond, était une sorte d'hommage.

Enfin, le « prélèvement », donc, c'est dans le Nevada qu'on entreprit de l'exécuter. J'étais quasiment inconnu dans cet État et je m'y rendis seul.

Je m'étais accoutré en prospecteur — il y en avait beaucoup dans le coin à cause des mines d'argent qui avaient été découvertes dans les années cinquante et qui n'étaient pas totalement épuisées. J'y passai plusieurs jours, et allai déposer du minerai à la banque à trois reprises pour pouvoir examiner les lieux sous toutes les coutures et mettre au point notre intervention. Vous devez vous demander où j'avais trouvé le minerai ? Rien de plus facile. J'avais fait le tour des concessions argentifères et j'avais fini par tomber sur un vieux de la vieille qui se préparait à se rendre à Winnemuca — la ville dont la banque nous intéressait — pour y changer son minerai, faire ses emplettes et reconstituer ses réserves. Je l'avais persuadé de me laisser faire ses courses et lui avais donné largement plus que la valeur du minerai qu'il devait déposer. Il n'avait pas posé de questions, ce qui ne surprendra que ceux qui ne connaissent pas ces vieux prospecteurs et nos régions.

Pendant ce temps, Bill Carver et Ben Kilpatrick rassemblaient les chevaux indispensables à notre retraite. C'est une partie capitale que celle qui concerne les chevaux, tant la question de leur puissance, de leur rapidité, de leur adaptation au terrain sur lequel ils vont devoir galoper que celle du nombre de relais. Pour l'attaque de la banque de Winnemuca, nous avions décidé de filer au nord sur l'Idaho et trois relais avaient été établis.

Le 19 septembre, nous quittâmes notre campement sur la rive gauche de la rivière Humboldt. À midi, affichant la plus grande sérénité, nous prîmes un verre — un seul, il ne s'agissait pas d'opérer fins soûls — au saloon, après avoir pris la précaution d'attacher nos chevaux derrière la banque. Nous portions nos six-coups et Kid Curry, c'est-à-dire Harvey Logan, un vrai maniaque des armes, avait passé les deux jours précédents à démonter et remonter son Frontier Colt 162783, jusqu'à me pousser à l'exaspération. Enfin, pendant ce temps-là, il restait à peu près sobre. C'est surtout de lui que je craignais l'intempérance, car Sundance, le Kid, si vous préférez, est un gros buveur en temps de calme, mais il sait rester à jeun quand le devoir l'impose. Harvey, lui, je l'avais vu vider entièrement une bouteille de cognac — il ne buvait que ça, sauf cas de force majeure — avant une opération, et je ne tenais pas à ce qu'il se mette à tirer dans tous les coins.

Bill, de son côté, cachait une carabine dans la couverture de selle qu'il traînait avec lui.

Le verre bu, nous traversâmes la rue, entrâmes dans la banque. Pendant que Bill tenait en joue le caissier, Sundance — je ne l'appelle jamais ainsi, mais depuis que Harvey se fait nommer Kid Curry, on ne peut plus dire « Kid » sans les voir tous les deux se retourner — est allé tirer de son fauteuil le président de la banque et on l'a forcé à ouvrir le coffre. Le prélèvement n'a pas pris cinq minutes. On est sortis avec deux sacs pleins de billets et un troisième rempli d'or en poussant devant nous les employés et une espèce d'éleveur qui avait essayé de faire du raffut jusqu'à ce que Harvey lui mette sous le nez le Frontier Colt en lui disant : « Continue comme ça mon gars, et tu vas comprendre pourquoi on l'appelle Marie-Pleureuse ! »

Bill Carver avait détaché nos chevaux et les tenait tous d'une seule main et on les a enfourchés avant de détaler au grand galop. En partant, Bill a laissé tomber le petit sac d'or que Sundance lui avait lancé.

Alors que nous étions déjà à cent mètres de la banque, il a mis pied à terre pour ramasser le sac et des coups de feu ont éclaté. Ça commençait à tirailler de partout, et son cheval a pris peur, s'est emballé et si Bill n'avait pas été un des meilleurs cavaliers que je connaisse, il y serait resté, mais il a réussi à remonter à l'indienne, agrippé sur le flanc gauche de la bête pendant que l'éleveur tirait dans tous les sens mais sans grande précision.

Nous galopâmes presque sans discontinuer jusqu'au premier relais où nous attendait Ben Kilpatrick avec quatre chevaux frais, plus le sien naturellement. En quelques minutes, nos premières montures furent lavées, bouchonnées et conduites dans un pâturage un peu plus loin où nous les mélâmes à un troupeau assez nombreux. Ce n'était pas, croyez-moi, une improvisation. Et nous reprîmes la piste pendant une bonne journée avant de changer de montures une seconde fois. Cette fois, quatre cow-boys avec lesquels nous avions déjà travaillé nous attendaient, chargés de mener nos chevaux vers l'Est, cependant que nous quittions les lieux dans une voiture suspendue qui nous conduisit jusque dans l'Idaho, à Twin Falls, où nous nous séparâmes après nous être répartis les 32 640 dollars contenus dans les sacs. Il ne s'agissait pas de moisir à Twin Falls. Nous nous étions donné rendez-vous au Texas, à Fort Worth, où nous étions inconnus et où nous pourrions faire le point et nous accorder un peu de bon temps.

Vous vous demandez peut-être s'il n'aurait pas été plus simple pour aller à Fort Worth de passer du Nevada en Arizona, de l'Arizona au Nouveau-Mexique et de là au Texas ? C'est vrai, ç'aurait été plus simple, mais si risqué ! Aussi valait-il mieux se séparer et parcourir quelques centaines de kilomètres supplémentaires. C'était une règle que nous avions adoptée bien avant, et quand j'étais à l'origine d'un coup et que je participais à son déroulement, elle était scrupuleusement appliquée.

Vous allez dire que je m'envoie des fleurs et que je me donne toujours le beau rôle. Ce n'est qu'une apparence, car ce que je vais vous raconter à présent vous montrera que même le hors-la-loi le plus avisé peut commettre des erreurs regrettables.

J'avais profité du trajet pour passer à Robber's Roost, saluer les amis et prendre un verre avec Henry Ogden, un jeune vacher qui m'aimait bien et qui avait voulu rejoindre la Horde Sauvage. Je ne l'avais pas accepté parce qu'il entendait ainsi me remercier pour quelque chose que je continue à considérer, des années plus tard, comme un simple acte de justice. Figurez-vous que Henry, alors âgé de quatorze ans, chevauchait dans la région d'Escalante lorsqu'un de mes hommes le croise, remarque son cheval frais et une selle neuve de soixante dollars. Le voilà qui force le jeune Henry à mettre pied à terre et il le plante là, emportant la selle et le cheval, sans même lui laisser sa propre monture exténuée. Je ne sais comment Henry apprit que l'homme faisait partie de mon équipe, mais toujours est-il qu'il me fit parvenir un message au Hole-In-The-Wall, disant que jusqu'à maintenant il avait toujours pensé que nous étions du côté des petits mais qu'il se rendait compte à présent que ce qu'il avait pris pour de la propagande des grosses compagnies était malheureusement la vérité.

Je fis mon enquête, identifiai l'homme, et un après-midi, prétextant un petit travail de préparation à Escalante, je le désignai avec deux autres pour m'accompagner. Je m'étais renseigné et je savais parfaitement où trouver Henry Ogden, mais je voulais que la rencontre parût l'effet d'un hasard. Quand nous le trouvâmes devant nous, je l'interpellai en ces termes : « Alors mon gars, c'est toi qui te permets d'insinuer que Butch Cassidy s'en prend aux fermiers et aux cow-boys ? » Tout ça sur un ton bourru mais pas menaçant. Et le gosse — quatorze ans, c'était pas bien vieux — sans se démonter, qui me répond, comme je l'avais espéré : « C'est pas une insinuation. D'abord, mon nom est gravé sous le pommeau de ma selle, là... » Je jouai les abrutis : « Qu'est-ce que tu me chantes, où là ? » alors que j'étais parfaitement au courant. Et il désigne mon homme en disant : « La selle qui est sous le cul de ce voleur est à moi, comme le cheval qui est sous la selle ! » L'autre commençait à devenir nerveux : « Butch tu me laisses moucher ce morveux ? » qu'il me dit. Je souris, descendis de cheval, l'air de rien, m'approchai du salopard, et, toujours tout sourire, je flattai l'encolure du cheval qu'il avait volé au gosse. Sans crier gare, de la paume de la main je repoussai violemment sa botte de l'étrier, et le déséquilibrai. Il s'effondra lourdement sur le sol, sans oser se plaindre ni protester de sa bonne foi. Je débouclai la selle. Le nom du gosse n'avait pas été effacé. Je m'approchai de l'homme. Ses *chaps* amortirent les coups de pied que je lui décochai rageusement. « En selle », ordonnai-je alors, après avoir pris Henry en croupe.

Nous chevauchâmes sans échanger un seul mot pendant plus de deux heures. La végétation, déjà peu abondante autour d'Escalante, s'était progressivement raréfiée jusqu'à céder totalement la place au désert. Tout à coup, je commandai l'arrêt. Je fis descendre celui qui avait violé nos règles et notre code particulier de l'honneur, je lui tendis ma propre gourde et je dis : « C'est plus que ce que tu as laissé à Henry le jour où tu nous as déshonorés. Désormais tiens-toi à l'écart, tu ne fais plus partie de la Horde Sauvage. Nous n'avons pas de place parmi nous pour un homme qui maltraite un enfant... »

J'en viens à l'erreur grave que j'ai commise. Après un petit séjour donc à Robber's Roost, je repris la route pour le Texas. Quand j'arrivai à Fort Worth, Bill Carver, Ben Kilpatrick, Harvey Logan et le Kid m'y avaient déjà précédé. J'eus à subir une avalanche de reproches. Selon eux, je leur avais gâché le succès du prélèvement de Winnemuca en les empêchant de « peindre la ville en rouge », ce qui veut dire, dans le jargon de l'Ouest, faire une java à tout casser. Ils n'avaient pas voulu commencer sans moi et se morfondaient en se demandant si je n'avais pas été arrêté quelque part.

Le Kid était le plus déchaîné et il me brandit sous le nez une affichette de l'agence Pinkerton offrant 4 000 dollars par tête de pipe pour George Parker, *alias* Butch Cassidy, *alias* George Cassidy, *alias* Tom Ingerfield — votre serviteur — pour Harry Longabaugh, *alias* Kid Longabaugh, *alias* Harry Alonzo, *alias* le Sundance Kid, pour Harvey Logan, dit Kid Curry, dit le Chien Enragé — un *alias* de la plus haute fantaisie — pour Ben Kilpatrick dit le Grand Texan et Bill Carver. Et ça ce n'était que pour l'affaire de Winnemuca puisque nous apprîmes peu après que les récompenses pour notre capture, rien qu'au Kid et moi, atteignaient la somme coquette de 50 000 dollars.

Passé leur premier mouvement de mauvaise humeur, tous exprimèrent leur satisfaction de me revoir vivant et m'accordèrent deux petites heures pour aller prendre un bain et me faire couper les cheveux et la barbe qui avait envahi mon visage, afin, dirent-ils, que je retrouve enfin figure humaine.

La suite fut indescriptible. Nous avions trouvé un quartier général, une espèce de saloon qui faisait aussi maison close et qui portait le joli nom de *Moitié d'Arpent de l'Enfer*. Nous y passions les trois quarts de nos journées et de nos nuits, les secondes étant nettement plus longues que les premières, réservant le reste du temps aux achats et aux visites d'autres lieux de même nature.

Nous nous faisions passer pour un groupe d'éleveurs revenant d'une importante vente de bétail dans le nord du Texas, ce qui justifiait notre richesse et la prodigalité que nous manifestions et nous nous montrions sous le jour séduisant et propre à susciter les sympathies de gens larges et généreux, sachant la différence entre une soirée arrosée entre gentlemen et une muflée vulgaire, saluant les dames, surtout celles dont la vertu était inversement proportionnelle aux charmes, jetant les cartes sur tous les tapis du quartier et flambant au poker avec classe et brio.

Je crois pouvoir affirmer que nous laissâmes dans le quartier le plus vivant de Fort Worth un souvenir inoubliable. Si seulement nous n'y avions laissé que cela ! Un matin — en réalité, c'était le début de l'après-midi, mais comme nous nous couchions rarement avant cinq heures du matin, nous n'avions plus une conscience très nette du temps —, Ben nous proposa une visite groupée chez le meilleur tailleur de la ville. On accepta tous avec enthousiasme. Il faut dire que Ben, qui était le plus grand d'entre nous, était persuadé qu'il portait l'habit avec classe et élégance.

Nous nous rendîmes chez monsieur Archibald Mac Donald, qui prit nos mesures, nous fit choisir nos tissus et nos couvre-chefs, car il vendait aussi des chapeaux, et auquel nous donnâmes très exactement deux jours pour que tout fût prêt. Il se plaignit pour la forme du manque de temps, mais quand le Kid lui eut versé comptant la moitié de ce que nous lui promettions, il convint avec nous qu'à salaire exceptionnel méritait de correspondre travail exceptionnel. « J'y travaillerai jour et nuit, messieurs, mais il ne sera pas dit qu'Archibald Mac Donald aura manqué à sa parole ! », nous susurra-t-il en nous raccompagnant à sa porte.

Je ne dis rien, mais un coup d'œil à l'atelier qu'on apercevait derrière le magasin m'avait permis d'apercevoir plusieurs chinois à l'ouvrage. Sans doute le citoyen Archibald Mac Donald était-il pour la façade un Américain Wasp [7] pur sucre, pestant au conseil municipal et aux réunions de commerçants contre les « citrons » et louant le *Chinese Exclusion Act* promulgué par le président Garfield en 1882 et prorogé de dix ans en 1892, mais le commerçant Archibald Mac Donald, lui, appréciait les avantages d'une main-d'œuvre surexploitée et quasiment clandestine. On n'avait donc pas à s'en faire, nos costumes seraient prêts à temps.

Ils le furent. Pour notre plus grand malheur.

Le surlendemain, en costumes trois pièces — à la dernière mode française, nous confia avec des allures de conspirateur notre tailleur — arborant des chapeaux melons d'un chic impeccable, des chaînes d'or pendant dans un négligé étudié de nos montres de gousset, nous sortîmes dans la rue principale, fiers comme des paons, et nous la descendîmes et remontâmes pas moins de trois fois. C'est alors que Ben eut l'Idée. Je dois dire qu'à la réserve d'Harvey, qui n'était pas très chaud, elle nous parut à tous marquée au coin du génie. Le Grand Texan avait simplement prononcé six mots : « Si on allait se faire photographier ? »

Une riche idée, que nous mîmes à exécution séance tenante, le 1er décembre 1890. Nous n'avions pas à aller très loin, car Fort Worth s'enorgueillissait d'un studio photographique, celui d'un dénommé John Swartz, et nous n'avions même pas à le chercher puisque nous passions devant chaque fois que nous remontions Main Street.

Le photographe était volubile et maniéré, ce qui agaça le Kid et Harvey, car il n'arrêtait pas de leur toucher les bras et les mains pour leur faire prendre la pose et j'entendais le Kid le traiter dans sa moustache de « damné sodomite », mais il me parut extrêmement compétent. Il passa quelque temps à nous placer et nous déplacer, recherchant le meilleur arrangement pour que chacun fût présenté à son avantage et finit par adopter la disposition suivante : les plus grands étaient assis devant sur des sièges assez bas. À gauche, sur un fauteuil en osier, le Kid ; au milieu, droit comme un I sur une chaise cannée, le Grand Texan, qui n'avait jamais autant mérité son surnom, et, à droite, sur un autre fauteuil en métal plein de dorures et de motifs tarabiscotés, votre serviteur en personne, souriant ma foi et assez détendu. Derrière, les deux plus petits, posant une main fraternelle sur nos épaules. Bill Carver entre le Kid et Ben, et, le melon relevé sur son grand front et la moustache pensive, Harvey Logan, dont la photo accentuait le strabisme, mais dont la posture dissimulait les jambes très arquées.

Tout cela bien sûr nous ne pûmes l'apprécier qu'après coup. Sur le moment, nous étions tous très intimidés, moitié par les tenues inhabituelles qui nous changeaient de nos longues blouses et de nos Stetson, moitié par l'étrangeté du lieu et de la situation qui transformait en enfants sages et attentifs aux ordres d'un gringalet efféminé des gaillards rétifs aux ordres et aux commandements.

L'éclair de magnésium nous pétrifia littéralement et je crois même que je sentis dans mon dos Harvey porter vivement la main à sa ceinture ! Heureusement, nous avions laissé les revolvers dans nos chambres, nous contentant d'un Derringer à double canon qui ne nous fut d'aucune utilité d'ailleurs durant notre séjour à Fort Worth tant la vie nous y fut souriante.

Pourtant les choses allaient se gâter à cause de cette photographie si réussie. Trop sans doute, puisque cet abruti de John Swartz, très fier de son travail, s'empressa de la mettre en évidence dans sa vitrine. Nous l'apprîmes par la suite, parce que nous n'étions plus à Fort Worth quand se déroula la suite des événements. Nous avions en effet décidé qu'il ne serait pas sage de moisir trop longtemps au même endroit et nous avions fait route vers le Sud pour aller nous abriter un moment à San Antonio, toujours au Texas, dans le bordel de notre vieille amie Fannie Porter.

À San Antonio, nous ne risquions pas grand-chose et nous serions dans les meilleures conditions pour envisager notre départ et la suite des opérations. Le problème, c'est qu'à Fort Worth opérait un gars de l'agence de détectives attachée à la Wells Fargo. Sa couverture, c'était le poker et elle lui permettait de nager comme un poisson dans l'eau dans le milieu des joueurs, voleurs et hors-la-loi en tous genres. Il passe un soir devant la vitrine du photographe et reconnaît Bill Carver sur la photo. Il lui restait à identifier les quatre autres. Bien sûr, il pouvait faire des suppositions, mais aucune certitude définitive ne lui était permise. Il repartit alors au siège de son agence, laquelle, travaillant avec les Pinkertons, l'envoya à Denver avec son butin. Le but était, sitôt l'identification terminée, de faire tirer cette photo à des centaines d'exemplaires et de l'expédier dans toutes les villes et villages de l'Ouest où elle remplacerait avantageusement les portraits crayonnés qui ne nous ressemblaient que très vaguement.

Et c'est là qu'une coïncidence extraordinaire leur permit une certitude absolue.

À San Antonio, voilà qu'Harvey et Bill s'entichent de deux pensionnaires de Fannie, Lillie Davis et Maud Walker. Bill exige même de se marier avec Lillie et ces deux imbéciles décident d'emmener en « voyage de noces » leurs nouvelles conquêtes. Faut-il que je vous précise que, pendant toute cette histoire, ils n'avaient jamais cessé d'être entre deux verres. Quand, enfin, ils ont dessoûlé, ils étaient au Colorado, non loin de Denver, et ils ont planté là leur deux compagnes dont ils étaient déjà lassés. Elles, furibondes, ne demandaient qu'à se venger. À peine arrivées à Denver pour essayer de trouver un train, elles tombent en rentrant dans la gare sur la photo de Swartz placardée partout, au milieu d'affichettes représentant différents membres de la Horde Sauvage. La récompense promise pour l'identification suffit à faire le reste et deux heures plus tard, l'agence Pinkerton était en possession de toutes les informations nécessaires. La chasse était ouverte.

Nous étions loin d'imaginer tout ça. D'ailleurs, entre-temps, Harvey était revenu chez Fannie et il avait remplacé aussitôt Maud Walker par une nouvelle pensionnaire ravissante, Annie Rogers, cependant que le Kid nous présentait une créature surprenante, Etta Place, dont les journaux parlèrent beaucoup par la suite, révélant des informations dont je suis bien placé pour savoir le peu de lien avec la réalité.

Tantôt on faisait d'elle une pensionnaire de Fannie, ce qu'elle ne fut jamais. Si tel avait été le cas, je n'hésiterais pas un instant pour le reconnaître. D'abord parce que tous nos censeurs, puritains moralistes et autres fanatiques des ligues de tempérance, sans compter les cagoulards du Ku Klux Klan et les Wasp de l'Association protectionniste américaine, ont oublié, mais pas moi, que les occupants du *Mayflower* étaient pour l'essentiel des souteneurs, des brigands et des putains. Et puis, tout simplement parce que je crois avoir pas mal roulé ma bosse et fréquenté des gens de différentes classes sociales, et, croyez-moi, les putains ne sont ni pires ni meilleures que les autres. On en trouve de toutes espèces. Mais Etta n'en était pas une, pas plus qu'elle n'avait été institutrice, comme l'imprima plus tard le *Denver Sentinel*, donnant ainsi le la à la légende.

Ce qui est vrai, en revanche, c'est qu'Etta avait un bagage, qu'elle connaissait des foules de choses, et avait même des notions de médecine qui nous furent utiles en plus d'une occasion. En outre, elle possédait un charme discret auquel on ne prenait pas garde et qui opérait dangereusement. Elle vous attendrissait en chantant *Nobody Knows The Trouble I See* ou *Poor Wayfaring Stranger* et je l'ai vue tirer des larmes au Kid en entonnant *The Dying Cowboy* —qu'à San Antonio on connaissait sous le titre de *The Streets of Laredo* — en s'accompagnant sur le piano de chez Fannie.

Etta n'a jamais été très bavarde, mais j'ai cru comprendre un jour que son père était un prêcheur anabaptiste qui avait connu une fin tragique.

Pendant que j'y suis, je profite du voyage du Kid aux États-Unis pour continuer mon histoire et aborder un point délicat. On laisse entendre quelquefois qu'Etta est notre maîtresse à tous les deux. Ce n'est pas vrai. D'abord elle a rencontré le Kid en premier et ça, pour moi, c'est déjà une raison suffisante. Ensuite, je dois reconnaître qu'Etta me plaît, que quelque chose aurait été possible entre nous, mais — c'est peut-être à cause de mon enfance — je ne conçois pas le mariage, ou une vie avec une femme, sans des enfants. Et des enfants, quand on s'appelle Butch Cassidy, quand, du jour au lendemain on peut se retrouver derrière les barreaux d'un pénitencier ou en train de mordre la poussière d'un chemin pierreux, ou la tête sur le crachoir ignoble d'un saloon enfumé, on n'a pas le droit d'en faire.

Ces considérations me ramènent à mon sujet. Chez Fannie, nous ne risquions pas grand-chose et nous n'y apprîmes l'histoire de la photographie que beaucoup plus tard, en même temps qu'un de nos informateurs nous donnait des détails sur la façon dont nos adversaires s'organisaient.

Conscients que malgré leurs détectives et les récompenses faramineuses qu'ils offraient pour notre capture les choses n'avançaient pas et que les attaques de Wilcox et Tipton leur avaient fourni un éclatant bulletin de santé de la Horde Sauvage, les responsables de la Union Pacific avaient décidé de prendre le taureau par les cornes. Après moult réflexions, ils avaient décidé la création d'une milice armée, dont la seule occupation consisterait à nous faire la chasse : les Union Pacific Mounted Rangers. Une équipe de dix hommes triés sur le volet parmi les meilleurs tireurs de l'Ouest, stationnés à Cheyenne, dans le sud-est du Wyoming, un lieu particulièrement bien choisi, proche de toutes les voies de chemin de fer stratégiques. On leur avait affrété un wagon spécial pouvant abriter dix chevaux et ils restaient perpétuellement sur le qui-vive, n'attendant qu'un ordre pour partir.

Vous savez déjà que le chef de la troupe en question était Tim Keliker, shérif de Lincoln dans le Nebraska, mais je vous ai pas dit que ce monsieur était en même temps chef du service secret de la Union Pacific. Vous trouvez ça normal, vous ? Comment s'étonner après de tous les dérapages quand les types étaient les serviteurs de deux maîtres à la fois ! Il y avait avec lui Joe LaFors, célèbre dans tout l'Ouest à cause du chapeau de paille qu'il ne quittait jamais. Ça s'appelait un canotier et la mode en était venue de France, mais si elle s'était répandue en ville et surtout chez les femmes, dans le monde cavalier LaFors faisait figure d'original.

Bien qu'il ne fût pas le plus gradé, c'était lui l'âme et la tête du groupe. Il avait recruté les autres, dont les noms ne tardèrent pas à être fournis par la presse. Ce n'était pas une indiscrétion, mais une manœuvre psychologique. Les journaux étaient pour la plupart aux ordres des compagnies et il s'agissait de nous impressionner en montrant clairement qu'avec de tels surhommes nous n'avions plus la moindre chance. Il faut reconnaître qu'il y avait là la plus jolie brochette de tueurs patentés. Je ne parle pas de LaFors, qui avait la réputation d'être un type réglo, mais Jeff Carr, Pat Lawson, Tom Meggeson traînaient derrière eux pas mal de sales histoires. Les autres, je ne savais pas grand-chose d'eux. Restait le meilleur. Tom Horn [(8)].

Je ne peux résister à vous dire quelques mots de ce salopard, parce que si vous n'aviez pas encore compris à qui nous avions affaire, là vous allez être édifiés. Tom Horn avait d'abord été adjoint du shérif de Yapavai, en Arizona, après s'être taillé une certaine réputation comme éclaireur et interprète auprès des généraux Wilcox, Crook et Miles pendant les guerres indiennes, et déjà c'était un type louche. Il avait dû abandonner sa charge lorsqu'on l'accusa d'avoir facilité, contre une bonne somme d'argent, l'évasion du Kid Apache qu'il avait pourtant arrêté lui-même quelques jours plus tôt. Ça, c'était en 1888. Après, on perd sa trace jusqu'en 1890, et on le retrouve à l'agence Pinkerton, sous les ordres de Mc Parland, qui le sous-loue aux gros éleveurs dans la guerre du comté de Johnson. Quelques années plus tard, pour le compte de l'Association des éleveurs du Wyoming, il infiltre la bande du Hole-In-The-Wall, juste avant que je n'en prenne la tête. Pendant toute cette période, il n'a pas abattu moins de soixante personnes avec la bénédiction des autorités. Il avait pris l'habitude de signer ses meurtres en déposant une petite pierre blanche sur le front de celui qu'il venait d'assassiner.

Le plus extraordinaire dans l'histoire de Tom Horn, c'est que si LaFors ne l'avait pas recruté pour nous faire la chasse, il serait peut-être toujours en vie. Mais, en juillet 1901, alors qu'il travaillait pour lui, LaFors apprit que la rumeur publique désignait Horn comme l'exécuteur de toute une famille d'éleveurs de moutons et, dans des circonstances atroces, du jeune Willie Nickell, âgé d'à peine quatorze ans. Alors, un soir où Horn était complètement soûl, LaFors, habilement, l'amena à revendiquer ces derniers assassinats pendant que des témoins cachés notaient toutes ses déclarations. Et le 13 octobre 1903, « la plus fine gâchette de l'Ouest », comme on avait surnommé Tom Horn, était condamnée à mort.

Le 20 du mois suivant, il fut pendu à Cheyenne, en présence des officiers et des dirigeants de la Union Pacific entourés des membres des Mounted Rangers au grand complet. On avait fait un exemple. Vous comprenez que la Union Pacific risquait gros dans le coup. Elle prétendait faire la chasse pour le bien de la société à des voleurs doublés de redoutables tueurs, et on apprenait que les vrais tueurs, c'était dans ses rangs qu'il fallait les chercher !

Il n'empêche, chez Fannie nous vivions, incapables de la moindre réflexion sur notre avenir et trop avides des plaisirs et des facilités qui nous avaient tant manqué dans nos jeunesses laborieuses et souvent misérables, nous vivions nos derniers beaux jours. C'est d'ailleurs à cette époque que nous découvrîmes les joies d'un nouveau moyen de locomotion qui révolutionnait le pays. Le vélocipède.

Vous connaissez tous cette invention, mais je crois que sa vague est sensiblement retombée. En 1901, quand je montai pour la première fois sur cet engin bizarre, c'était une véritable folie. Tout le monde voulait son vélocipède et les femmes — ça vous étonne ? — n'étaient pas les dernières dans le coup. Vous auriez lu ce qu'en écrivaient les journaux ! Pourtant il n'y a que quelques années de cela et aujourd'hui plus personne n'irait voir là-dedans quelque chose de diabolique. Eh bien, en 1901, le *Denver Herald* —et il n'était pas le seul ! — devinait dans le vélocipède une invention du malin qui, disait-il, plus encore que le socialisme, va précipiter l'effondrement de la famille et renforcer les ligues féministes. Il faut reconnaître qu'on ne rencontrait plus que femmes élégantes ou tambours-majors soulevant la poussière des rues de San Antonio et d'ailleurs avec une sorte d'intrépidité indépendante qui faisait lisser pensivement leur moustache aux respectables gentlemen qui présidaient à la bonne marche de ces villes.

J'avoue que moi-même, je ne sus pas résister à ce mustang inodore qui n'avait besoin ni d'orge ni de bouchonnage, qui ne connaissait ni la fatigue ni la soif et dont l'échine rembourrée était infiniment

plus douce au fondement et aux joyeuses de l'honnête homme que la meilleure selle, fût-elle mexicaine. Je l'avais donc essayé en secret dans la grange d'un des meilleurs clients de Fannie et avais fini, après quelques chutes mémorables heureusement amorties par le foin qui l'envahissait, à maîtriser le monstre. Ça n'avait rien de facile, croyez-moi, surtout que le Kid n'arrêtait pas de venir me perturber par des commentaires peu flatteurs d'où il ressortait que j'avais tout d'un crapaud-buffle sur une boîte d'allumettes.

Je crois bien que si ce soir-là j'avais pu me présenter aux élections à San Antonio, j'aurais été élu. Tous les notables étaient dans la rue, attirés par les clameurs et se rinçant l'œil sur les formes généreuses des protégées de Fannie qui les étalaient sans avarice aux fenêtres du lupanar. Un triomphe. Et encore le mot est faible. Je n'irai pas jusqu'à parler d'apothéose, peut-être mon enfance mormone m'interdit-elle cette espèce de blasphème, mais, disons-le tout net, ce soir j'étais plus célèbre, plus adulé que Buffalo Bill et William Shakespeare réunis.

Quand je fus redescendu sur terre, après une bonne dizaine d'allers-retours au beau milieu de la grand-rue que personne ne me disputait, je titubais. On aurait dit que je m'étais enivré. Pourtant, je le jure, je n'avais pas touché une goutte d'alcool. On me porta en triomphe au saloon et pendant des heures je fus entouré, bichonné, servi, on m'offrait tournée sur tournée. Pour le coup, je finis la soirée dans un état indescriptible et je ne sais pas encore aujourd'hui dans quelles conditions je pus arriver à monter jusqu'au deuxième étage du saloon où Fannie m'avait réservé une de ses meilleures chambres.

C'est le moment que je vous raconte quelque chose que vous ne lirez jamais ailleurs, et il est possible que l'intéressé lui-même nie les faits que je vais vous rapporter. Je dois avouer que je le comprends un peu, on pourrait l'accuser d'association ou de non-dénonciation de malfaiteurs et, tout célèbre qu'il soit — et peut-être justement pour ça — il préfère sa tranquillité. Figurez-vous que le lendemain de mon triomphe, à une heure que je suis encore aujourd'hui incapable de préciser, j'arrivai non sans mal, soutenu par Ethel et Lisbeth, deux des plus accortes pensionnaires de Fannie, dans la grande salle de billard où je prenais mes repas, solitaire depuis que mes compagnons sacrifiaient aux délices de la vie de couple, lorsque deux types qu'accompagnait Fannie vinrent s'asseoir à mes côtés. Le premier était un homme assez fluet mais qui semblait brûler d'une énergie intense et qui se présenta comme John H. Lomax. Il voulait obtenir de moi que je l'autorise à rencontrer mes hommes pour recueillir leurs chants. Ce personnage passait sa vie partout où les hommes accompagnent leur labeur de musiques et de paroles qui le rendent plus facile ou qui témoignent de sa dureté, de ses joies, de ses peines. C'est ce qu'il me dit. Je n'avais pas à donner d'autorisation, n'ayant jamais considéré le Kid et les autres comme ma propriété, mais toujours comme mes égaux, mais je lui facilitai la tâche, car pour ses chansons de hors-la-loi ou de piste, il n'aurait pas meilleure source que notre illustre compagnie. En outre, avec nous, il ne risquait aucune mésaventure, ce qui, cela soit dit sans esprit de polémique, n'aurait pas été le cas partout.

C'est peut-être de la fierté mal placée, mais c'est à San Antonio, Texas, auprès du Kid et d'Harvey Logan, que John H. Lomax a recueilli ce qu'il nous présenta comme une des grandes découvertes de sa vie, une version qu'il ignorait complètement de *Whoopie-Ti-Yi-Yo*. Nous, ça nous faisait plutôt rigoler de le voir s'enthousiasmer et pleurer de joie comme s'il venait de trouver un sac plein d'or, mais j'avoue que lorsqu'il nous a dit qu'un jour cette version figurerait dans un livre qu'il écrivait et qui s'appellerait tout simplement *Cowboys Songs*(9), nous n'avons pas douté un instant qu'il réussisse à le publier et nous n'étions pas peu fiers. Je ne sais pas du tout ce qu'est devenu le petit homme, mais ça ne veut rien dire parce qu'ici, en Bolivie, je n'ai guère de nouvelles du pays, vous vous en doutez bien.

L'autre homme formait avec Lomax un contraste saisissant. C'était un colosse aux cheveux très courts et clairsemés sur le devant, à la moustache soigneusement taillée, vêtu aussi élégamment que

Lomax était négligé, et qu'il me sembla avoir déjà rencontré quelque part. Quand il se fut présenté comme Frederic Remington, peintre et dessinateur, je sus que cette rencontre je l'avais faite entre des pages de magazines. En 1901, Remington était devenu une célébrité pour ses tableaux retraçant, avec une vie et une vérité saisissantes, l'Ouest des éleveurs, des cow-boys, de l'armée et des Indiens. Et peu de temps avant, il avait signé toutes les illustrations d'un livre dont le succès avait été fulgurant, *La Piste de l'Oregon* de Francis Parkman.

Ça va peut-être vous étonner et je vous imagine déjà ironisant : « Ce Cassidy veut maintenant nous faire croire qu'en plus il s'y connaissait en peinture », mais tant pis si vous ne me croyez pas. La réalité, c'est que tout le monde alors avait en tête les tableaux de Remington que les almanachs et les calendriers reproduisaient largement. En plus, nous le connaissions, si j'ose dire, par obligation professionnelle, parce que nous nous tenions très au courant de ce qu'écrivaient les journaux à notre sujet et que plusieurs d'entre eux, et pas des moindres, comme *Harper's Weekly* et *Century*, ou encore *Collier's*, lui passaient énormément de commandes. Enfin, passons...

Remington venait spécialement pour moi. Il cherchait à renouveler ses sujets tout en restant dans ce qui le passionnait, l'Ouest, et il avait l'intention de réaliser plusieurs tableaux sur des hors-la-loi. Il avait lu beaucoup d'articles sur la Horde Sauvage et mes exploits vélocipédiques lui étaient parvenus aux oreilles alors qu'il arrivait à San Antonio pour essayer de me contacter. Vous ne me croyez pas ? Je n'ai qu'un mot à vous dire : allez observer d'un peu plus près un tableau qui s'appelle *The Right of the Road* [(10)]. Vous voyez de

quoi il retourne ? Et qu'est-ce que vous apercevez sur le dessin ? Une diligence et à gauche de la diligence, pédalant comme un forcené et effrayant les chevaux... Vous y êtes presque ! Oui, le cycliste à la casquette irlandaise qui dépasse la malle-poste, c'est moi, votre serviteur, Butch Cassidy. Et je le proclame fièrement, ce tableau c'est un des plus beaux de Frederic Remington et je suis foutrement heureux qu'il m'y ait ainsi immortalisé.

Un jour, lorsque tout cela sera terminé, que je serai mort, et Remington aussi, on imprimera la vérité, et je survivrai un peu grâce à lui, autrement que pour mes exploits de hors-la-loi !

Rencontrer des hommes comme Remington et Lomax ça valait tout l'or de la Union Pacific. Pour eux, nous n'étions pas des mauvais garçons. Des êtres humains simplement. Lomax avait même eu un mot qui me trotte encore par la tête aujourd'hui. « Tu vois, Butch, me dit-il un soir où nous fumions ensemble dehors car la nuit était chaude, Sundance,

Harvey, Fannie et toi, quel que soit votre avenir, vous aurez eu une vie intéressante, parce que vous en aurez été acteurs. Trop de gens se résignent à n'être que les pions de ce qu'ils appellent Destin pour couvrir leurs petites lâchetés. »

Où sont Lomax et Remington aujourd'hui, je n'en sais rien. Savent-ils même que nous ne sommes pas morts ? Ne nous ont-ils pas oubliés ? Impossible d'être sûr de rien, mais, je ne sais pourquoi, je pense qu'il leur arrive encore à eux aussi de revivre la rencontre du bordel de Fannie.

J'ai beau avoir promis de tout vous expliquer, je suis obligé de m'arrêter une fois encore avant d'avoir tenu ma promesse. Le Kid vient d'arriver et à voir sa mine bouleversée, lui dont le visage ne trahit jamais les émotions qui le traversent, je pressens que quelque chose de grave s'est passé. Je ne vous avais pas donné de détails, me contentant de vous dire qu'il était en voyage au pays. La réalité, c'est que le Kid était parti pour accompagner Etta. Ça faisait plusieurs mois qu'elle se plaignait de vives douleurs à l'aine et que nous nous inquiétions pour elle. Etta, c'est une fille qui ne s'était jamais plainte de rien avant ça, et le Kid était aux cent coups. Nous avions dévalisé la banque de Villa Mercedes, près de San Luis, Etta tenant à jouer son rôle dans notre partition et gardant les chevaux, dans l'élégant habit anglais de cavalière qu'elle affectionnait, et nous avions décidé que les 20 000 dollars obtenus serviraient à payer le voyage jusqu'à New York pour l'y faire soigner et les frais médicaux...

Bon, je vous abandonne. Je l'entends qui monte...

Finalement, pour une fois, je peux vous retrouver plus vite que prévu. Le Kid dort profondément et il ne me harcèlera pas comme il en a l'habitude dès qu'il me voit me préparer à écrire. Dormir, c'est devenu la grande affaire de sa vie. Il faut dire que depuis son retour il ne dessoûle pas. Il boit tout ce qui passe à sa portée. J'ai beau essayer de le sermonner, rien n'y fait. Alors, il boit, puis il dort, puis il boit et ainsi de suite.

J'avais cru, en le voyant arriver avec son air tragique et ravagé par la douleur, qu'Etta était morte. Il n'en était rien, heureusement. Cet animal de Kid avait résolu de ne rien dire. Ce n'est qu'au bout de plusieurs heures d'un interrogatoire serré et tenace, où l'alcool m'aida diablement, mais dont je sortis épuisé, que j'arrivai à reconstituer à peu près ce qui s'était passé.

Leur voyage s'était déroulé dans des conditions dans l'ensemble satisfaisantes et ils étaient parvenus sans encombres jusqu'à Denver. Je les avais prévenus avant leur départ de faire très attention quand ils seraient dans cette ville parce que c'était tout de même là que l'agence Pinkerton avait son siège pour tout l'Ouest. Etta tenait absolument à aller à Denver parce qu'elle y connaissait un médecin en qui elle avait totalement confiance. Ça rendait d'ailleurs le Kid jaloux, alors que le bonhomme avait plus de soixante-dix ans. Mais ça, il ne s'en rendit compte qu'en le voyant, car Etta, qui ne détestait pas le faire marcher un peu, s'était bien gardée de l'en prévenir.

Kid est incapable de me dire qui était exactement ce toubib, mais j'ai comme dans l'idée, sans savoir exactement pourquoi, qu'Etta l'a connu lorsqu'elle était enfant. Ce serait lui qui l'aurait mise au monde, que ça ne m'étonnerait pas. En tout cas, le vieux bonhomme avait diagnostiqué une appendicite aiguë et lui avait recommandé d'aller trouver un des meilleurs spécialistes à New York. Etta avait accepté et le Kid et elle devaient partir le surlendemain.

La veille de leur départ, le Kid, qui ne tenait jamais en place, avait quitté sa chambre d'hôtel pour aller prendre quelques verres dans une espèce de boui-boui. Je ne sais toujours pas exactement ce qui s'est alors passé, mais il semblerait qu'il avait forcé un peu — selon lui, il avait perdu l'habitude du vrai whisky et s'était enivré plus vite que prévu — sur la bibine et le patron avait fini par refuser de le servir. Il avait alors dégainé et tiré des coups de feu en l'air et sur les miroirs du comptoir. C'est là qu'il s'était enfin rendu compte de ce qu'il risquait et il avait pris le large, finissant la nuit dans un bouge, écroulé sur une table, au milieu de joueurs de cartes qui en avaient profité pour lui faire les poches.

Quand il avait enfin réintégré l'hôtel où il séjournait avec Etta, celle-ci avait disparu. Elle lui avait laissé un petit mot et de l'argent, car, pour le bonheur du Kid, c'était elle qui avait gardé leurs dollars.

Ce qu'il y avait dans ce mot, je n'en sais rien. J'ai essayé de cuisiner le Kid, mais il prétend avoir oublié, et tant que je n'aurai pas réussi à fouiller dans ses affaires un jour qu'il prendra un bain, j'en serai réduit aux suppositions. Ce que je crois, personnellement, c'est qu'Etta l'aime toujours, que je compte aussi pour elle, mais qu'elle n'a plus le cœur d'attendre l'inévitable.

Pendant longtemps, nous avons vécu dans le risque ; nous étions plus jeunes, plus insouciants, nous nous croyions immortels. Rien ne pouvait nous arriver parce que nous étions les meilleurs. Surtout, nous étions heureux. Mais, insensiblement, l'amertume et la crainte avaient taillé leur chemin et nous avions cessé de dormir du sommeil du juste. Tous nos compagnons, ou presque, étaient morts et nos nuits se peuplaient de cauchemars de plus en plus fréquents.

Etta s'était évadée de notre vie parce qu'elle ne voulait pas nous perdre, je crois que c'était ça, la vérité. Le Kid y voit une trahison. Elle ne l'aimait plus — et, donc, elle en aimait un autre — et elle l'avait abandonné. Il se trompe, mais comment lui faire comprendre qu'elle n'a pas voulu, simplement, contempler, dans un pays étranger, seule au milieu de gens hostiles qui la jetteraient ensuite en prison, les cadavres criblés de balles de ceux qu'elle n'avait jamais cessé de chérir ?

Revenons-en au Texas et à San Antonio.

Contrairement à ce que j'avais pensé, le départ pour l'Amérique du Sud fut retardé. À l'origine, nous devions être trois à tenter cette nouvelle vie. Moi-même, Harvey Logan et le Kid. Mais Harvey changeait de jour en jour. Après s'être enthousiasmé à cette idée, il renâclait à présent. Tantôt il affichait une gaieté bruyante au bras d'Annie Rogers, tantôt il arborait une mine sombre et inquiétante et n'ouvrait la bouche que pour avertir qu'il allait abattre Jim Winters, le salaud qui avait tué son frère, Johnny. Et chaque fois que je le pressais de prendre une décision, il me répondait invariablement qu'on avait le temps. Or, du temps justement on n'en avait pas beaucoup, et il fallait être abruti ou inconscient pour croire que les hommes de LaFors allaient nous laisser encore profiter de notre paradis texan.

Plus grave, il avait autre chose qui commençait à nous manquer et dont on dit à juste titre que c'est le nerf de la guerre. L'argent en effet se faisait rare. Fannie était bonne fille, certes, mais la tranquillité que nous goûtions dans son établissement coûtait cher et nous n'y étions pas allés avec le dos de la cuillère. Femmes, alcool, jeu, aucune de ces occupations n'était très bon marché et les finances étaient à sec. On ne pouvait pas partir sans fonds.

C'est alors qu'Harvey proposa d'attaquer le *Great Northern Express*. Il avait longuement réfléchi à la chose et proposait que l'action ait lieu lorsque le train sortirait de la petite gare de Malta, dans le Montana. L'idée semblait bonne et sa mise en application ne soulevait pas de problèmes particuliers. Le Kid et Charley le sourd, qui devaient faire partie du coup, auraient préféré cependant que nous choisissions un endroit plus proche de San Antonio, parce que Malta se trouvait à plus de 1 500 kilomètres. Mais Harvey ne voulait pas démordre de sa proposition, il en faisait même la condition absolue à sa participation. Les autres finirent par céder, sans comprendre son entêtement.

La vérité, c'est qu'Harvey avait une revanche à prendre. À l'origine, ses frères et lui étaient agriculteurs dans le Wyoming et ils avaient été chassés de la parcelle qu'ils cultivaient par des hommes de main aux ordres de gros éleveurs. Harvey avait alors tenté de s'installer comme éleveur dans le Montana, près de Landusky, une petite ville minière qui devait son nom à son fondateur, Pike Landusky, devenu depuis marshall du comté, avant de prendre sa retraite après s'être mis une bonne partie de la population à dos à cause de sa brutalité et de son tempérament processif. C'est là qu'Harvey et ses frères avaient travaillé avec George Curry, qu'ils admiraient, avant de se mettre au trafic de bestiaux volés avec lui.

Arrêtés en novembre 1894, Harvey et Johnny Logan furent confiés à la garde de Landusky. Johnny lui ayant demandé la permission d'aller pisser dehors et en ayant profité pour prendre la poudre d'escampette, Pike entra dans une colère noire et, à coups de pied, de ceinturon et de crosse de revolver, il passa sa fureur sur Harvey, qui était très jeune puisqu'il n'avait que vingt ans, se vengeant ainsi du tour que son aîné venait de lui jouer. Harvey ne tarda pas à être libéré, et, la veille de Noël de la même année, il se retrouva dans une fête où paradait déjà Landusky. Pendant que ses deux frères empêchaient quiconque de s'en mêler, Harvey vint à Landusky, le gifla à plusieurs reprises et le força à s'excuser publiquement. Quand ce fut fait, Harvey lui tourna le dos et rejoignit ses frères. Une voix hurla « Attention ». Harvey se retourna et tira sur Landusky, qui avait pourtant dégainé le premier. Il ne lui restait plus qu'à quitter la ville et le Montana pour gagner le Hole-In-The-Wall. C'est ce qu'il fit. Alors, le coup de Malta, moi, j'avais bien compris que c'était une sorte de revanche.

Harvey voulait montrer à ceux qui l'avaient connu à cette époque ce qu'il était devenu. Aujourd'hui, Logan était rentré dans la peau de Kid Curry, un des chefs prestigieux de la non moins prestigieuse Horde Sauvage, et il ne lui était pas indifférent de revenir sur le terrain de ses débuts involontaires.

Le 3 juillet 1901, à deux heures de l'après-midi, nous nous livrions à notre dernière attaque de train sur le territoire des États-Unis. Tout avait été soigneusement préparé suivant les grandes lignes de l'attaque de Wilcox. Quand le train s'arrêta à Malta, à douze kilomètres de l'endroit que nous avions choisi pour passer à l'action, Harvey se hissa dans le fourgon à bagages, alors que le Kid montait à bord en passager modèle ayant régulièrement acquitté son billet. Charley avait été chargé des chevaux et, pour ma part, j'attendais avec les explosifs sur les lieux de l'attaque. Tout se passa pour le mieux, si l'on excepte que le Kid dut calmer un quidam qui prétendait les capturer, lui et Harvey. Il hurlait : « Lâchez vos armes, je suis le shérif Griffith, de Great Falls ! » Il avait ouvert le feu de la dernière voiture, tuant net la monture d'un gardien de moutons accouru pour voir pourquoi le train s'arrêtait en rase campagne.

Cette fois, je n'avais pas été trop large en préparant mes charges de dynamite et il me fallut même m'y reprendre à trois fois avant que les deux coffres s'ouvrent sur leur précieux contenu. Il y avait là 65 000 dollars, dont la plus grande partie en billets de banque non signés ou en mandats postaux en blanc. Bien sûr, nous aurions préféré de l'or ou de beaux billets verts, mais, à condition d'être prudents et de ne pas vouloir tout écouler au même endroit, les billets de banque deviendraient négociables aussitôt que Ben Kilpatrick et Laura Bullion, qui avaient quelque talent en la matière, auraient contrefait les signatures d'un président de banque et d'un caissier. Les mandats postaux pouvaient être remplis et encaissés dans les mêmes conditions. Simplement, il importait d'être très rapides et de disparaître à l'encaissement.

Comme nous comptions quitter le pays, nous ne nous affolions pas. Nous négocierons les billets et les mandats un peu partout sur le chemin de New

York et lorsque nous embarquerions, ce serait lestés d'un argent on ne peut plus anonyme.

Notre fuite, une nouvelle fois, avait été préparée minutieusement. Comme à Winnemuca, nous disposions de plusieurs relais de chevaux. Parvenus au premier, les montures nettoyées et bouchonnées furent lâchées dans un pré où pâturaient une trentaine de chevaux sauvages. Notre deuxième étape nous conduisit au bord de la rivière Missouri où nous attendait une barge. Nous embarquâmes et gagnâmes une île au beau milieu de la rivière, invisibles et hors de portée. Nous restâmes là deux semaines jusqu'à ce qu'un de nos hommes vienne nous prévenir que les différents posses lancés à notre recherche avaient tous regagné leur quartier général. L'heure de la séparation avait sonné.

Par mesure de sécurité, nous avions décidé de nous séparer. Le Kid, Charley et moi, nous devions nous retrouver à Brown's Hole pour préparer le départ vers l'Amérique du Sud. Malgré nos prières, Harvey refusa jusqu'au dernier moment de nous suivre. Alors qu'à Denver, fulminant et jurant publiquement qu'il aurait notre peau, Mc Parland lançait ses meilleurs agents sur notre piste et que la Great Northern Express promettait une prime de 6 500 dollars à toute personne permettant notre arrestation, à laquelle, solidarité de possédants oblige, l'Union Pacific et l'Adams Express ajoutaient 5 000 dollars, le Kid, Charley et moi, nous couvrions à petites étapes et par des chemins différents les sept cents kilomètres qui nous séparaient de Brown's Hole, où nous ne devions pas nous revoir avant Noël.

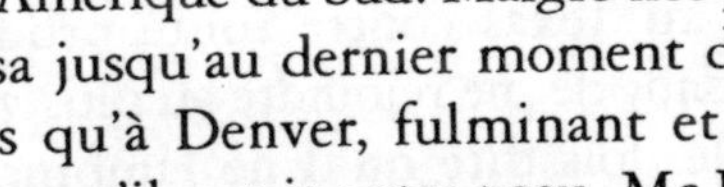

Cependant, comme le disait si bien le poème de Robert Burns [11] que j'ai retenu de ma jeunesse mormone, « les plans les mieux conçus des souris et des hommes tournent souvent de travers », hélas. Car en décembre me parvint la nouvelle de l'arrestation d'Harvey, alors que je me trouvais encore au Wyoming, à Rock Springs, où des amis me cachaient. J'appris qu'il était allé de ville en ville, échangeant avec sagesse et prudence ses billets contre de l'argent frais et innocent. Les choses s'étaient gâtées à Knoxville, au Tennessee. C'est là qu'il comptait dépenser sa petite fortune avant de reprendre des attaques de trains. Comment un gars aussi prudent s'était-il laissé mêler à une sombre bagarre de saloon, je n'en sais rien, mais toujours est-il qu'Harvey blessa deux officiers de police avant d'être sérieusement touché lui-même et appréhendé après plusieurs jours de chasse à l'homme.

J'envoyai un message au Kid, qui traînait encore au Texas contre toute prudence, en lui demandant de me rejoindre au plus vite à Brown's Hole. Je dois dire qu'il ne lambina pas trop en route et je le vis arriver le premier jour de l'année qui commençait. Nous passâmes là une bonne semaine, apprenant par nos informateurs que nous avions eu plus de chances que nos amis.

Ainsi le Grand Texan avait été repéré alors qu'il achetait des vêtements avec des billets de la banque d'Helena, Montana, qui provenaient de notre coup. Des Pinkies l'avaient suivi jusqu'à l'hôtel de Knoxville, où il résidait avec Laura Bullion. Ils envahirent leur chambre et trouvèrent 7 000 dollars cachés dans une valise. Selon nos sources, Ben avait été cuisiné salement pendant dix jours avant de finir par reconnaître sa participation à l'attaque, alors que cette fois Laura et lui n'avaient joué qu'un petit rôle en se procurant les chevaux. Le 12 décembre, on les avait condamnés, lui à quinze ans de prison au pénitencier fédéral d'Atlanta et elle à cinq ans à celui de Jefferson au Tennessee. Quant à Charley, nous n'avions alors aucune nouvelle de lui.

En attendant le Kid, j'avais sérieusement étudié la question de l'Amérique du Sud, enfin, surtout celle des moyens de s'y rendre. J'étais arrivé à la conclusion que ce qu'il nous fallait c'était un paquebot mixte — on y surveille en effet beaucoup moins les passagers, peu nombreux, que sur les paquebots classiques — et que plus grand serait le port où nous embarquerions, mieux ce serait. L'idéal me paraissait être New York, mais à la moindre odeur de roussi, nous tenterions le coup dans un port du Sud. Pour mettre toutes les chances de notre côté, j'avais décidé que nous accomplirions séparément le trajet jusqu'à New York, où nous devions nous retrouver le 1er février, à l'hôtel le plus proche de la statue de la Liberté, qui avait été installée à l'entrée du port en 1886. En cas de retard, il était décidé que le premier arrivé attendait l'autre pendant cinq jours avant d'essayer de s'en tirer tout seul.

Pour l'heure, nous avions tous deux quelques visites à faire. Le Kid resta silencieux, mais je compris qu'il ferait un détour par le Texas avant de prendre la route de New York. Quant à moi, je me rendis dans l'Utah. Je ne pouvais partir ainsi, sans aucune certitude de revenir un jour, sans aller embrasser ma mère, mon père et ceux de mes frères et sœurs qui seraient dans les parages.

Les adieux furent difficiles. Ma mère essayait d'étouffer des sanglots qui me remuèrent étrangement. Mon père avait un air très grave. Avant de m'embrasser, il me demanda si j'avais versé le sang de mes semblables. Je lui jurai solennellement que jamais je n'avais commis un crime de sang. Il me fixa longuement, à m'en mettre mal à l'aise, mais je ne cillai pas, et il finit par me serrer longuement contre son grand corps décharné.

J'avoue que lorsque je quittai l'Utah pour prendre la piste du Kansas d'où je gagnerais New York en train, j'éprouvais un vague à l'âme comme rarement j'en avais ressenti.

Le voyage se passa très tranquillement. Il ne m'était pas désagréable de me retrouver à bord d'un train sans songer à escalader des wagons poussiéreux et graisseux, sans sauter dans le tender en braquant mon arme sur un mécanicien abasourdi, sans contempler les autres passagers comme autant de futures victimes. J'arrivai à New York le 31 janvier et les impressions que produisit alors sur moi cette ville monstrueuse suffiraient à remplir un volume. Je vous en épargnerai donc la relation. Permettez-moi cependant de vous dire que pendant les presque trois semaines de mon séjour, j'eus mille occasions de considérer l'Ouest comme un havre de paix au regard des rues de cette ville. Je lus même, dans je ne sais plus quel journal, des « statistiques » — c'était le mot employé — qui révélaient que pour la seule année 1899, on avait dénombré, rien que pour New York, 3 972 criminels divers et 827 assassinats ! Vous vous rendez compte ? Ce qui prouve que pour des raisons que je ne m'explique pas très bien, on truque la réalité.

Si on devait faire confiance à la presse en général, l'Amérique était menacée par des gens comme moi. À croire que les Dalton, Cole Younger, les frères James et la Horde Sauvage mettaient la démocratie en péril. Etta, elle, prétend qu'il peut y avoir 10 000 assassinats à New York, le gouvernement et les grosses compagnies n'en auront rien à foutre, tandis que nous, on tuait moins ou pas du tout, mais on s'attaquait à leur fric et il n'était pas question de laisser passer ça. Etta expliquait ces choses beaucoup mieux que je ne viens de vous l'écrire. Je ne sais pas si elle avait raison. Peut-être. À y bien penser, maintenant, je crois que sur ce point comme sur tant d'autres, c'est elle qui était dans le vrai.

C'est bien que je vous parle justement d'Etta, parce que lorsque je me suis pointé, le lendemain, à l'hôtel de l'*Immigrant*, le plus proche de la statue de la Liberté (on y est montés, après, et c'était plutôt drôle, puisqu'on ne cherchait pas à rentrer au « paradis », ni en « terre promise », on cherchait plutôt à la quitter le plus vite possible en allant le plus loin possible), la première personne que j'ai rencontrée dans le hall crasseux de l'hôtel, c'était — je vous le donne en mille, mais vous avez déjà compris — Etta, ou plutôt madame Harry D. Place. Monsieur Place ne tarda pas à arriver, l'air embarrassé d'un gamin pris en faute.

Qu'est-ce que je pouvais faire ? Menacer ? Dire à Etta qu'elle reparte d'où elle était venue ? Je les invitai à prendre un verre. Vous voulez la vérité ? Je n'étais pas fâché qu'Etta vienne avec nous.

D'abord, nous n'allions pas en Amérique du Sud pour y rééditer nos activités passées. Au contraire, nous avions la ferme intention de nous établir comme éleveurs et de vivre honnêtement. En quoi Etta pouvait-elle nous gêner ? Ensuite, en admettant même que nous ayons eu l'intention de poursuivre des activités coupables, bien loin d'embarrasser, Etta aurait pu se révéler d'une aide précieuse, comme elle l'avait prouvé dans les quelques coups auxquels elle avait participé. Enfin, au-delà de la sympathie que je vous ai déjà avouée pour elle, un dernier argument plaidait encore en faveur d'Etta. De nous trois, elle était la seule à connaître un peu d'espagnol. Tout ça pour dire que je ne fis aucune remarque, aucun autre commentaire qu'une simple interrogation au Kid : « Pourquoi n'avoir rien dit avant ? »

Il n'avait pas répondu, se contentant d'un bon sourire d'enfant.

Le premier bateau qui allait nous permettre de quitter les États-Unis était un paquebot mixte, le *S.S. Soldier Prince*. Nous avions l'argent des billets et aucun problème pour les acquérir puisque nul passeport n'était exigé pour l'Argentine. Mais l'embarquement et le départ pour Buenos Aires étaient prévus pour le 20 février. Pendant ces trois semaines d'attente, nous logeâmes dans une pension de famille, au 234 Ouest de la douzième rue, chez une certaine madame Taylor, une respectable quinquagénaire très amène, bien que pourvue d'une pilosité qui aurait pu faire sa fortune si elle avait consenti à l'exploiter dans les foires.

Etta et le Kid étaient donc, comme je vous l'ai dit, monsieur et madame Harry Place, quant à moi, j'avais signé James T. Ryan le registre de la pension. Vous ai-je dit qu'officiellement j'étais le frère de madame Place ? Mon séjour à New York me fut l'occasion d'un repos dont mon corps et mes nerfs avaient grand besoin. Nous avions beau nous tenir sur nos gardes, car nous avions reçu des informations selon lesquelles les Pinkies étaient sur nos traces, la vie ici nous paraissait si différente, si irréelle, que nous goûtions un véritable plaisir. Si je sortais le moins possible — encore que je pris goût à aller flâner sur un immense chantier dont on me dit que c'était celui du « métropolitain », une histoire incroyable de train souterrain ! — le Kid et Etta étaient véritablement en voyage de noces. Ce n'était que rendez-vous chez le coiffeur, à l'institut de beauté, chez les grands couturiers... Le clou de cette période fut leur visite au studio d'un grand photographe, De Young, au 826 à Broadway, où ils se firent photographier sous tous les angles. En sortant, ils se rendirent chez le bijoutier le plus célèbre de la ville, Tiffany's. Le Kid se paya une jolie montre de gousset et offrit à Etta une splendide montre de revers. Le bijoutier ne sut jamais avec quel argent l'avait payé le gentleman distingué qui choisissait un bijou si raffiné pour la belle dame qu'il comblait d'attentions.

Quand ils n'étaient pas à courir les bijoutiers ou les coiffeurs, le Kid et Etta hantaient les théâtres et les salles de revues. Je me rappelle qu'ils me réveillèrent en pleine nuit pour me vanter, dans un état de surexcitation prodigieux, l'interprétation de William Gillette dans une pièce qui tenait l'affiche depuis deux ans et qui s'appelait *Sherlock Holmes*. Lequel Sherlock Holmes était, si j'ai bien compris les explications du Kid et d'Etta, une sorte de détective privé.

Enfin, au bout de trois semaines le *Soldier Prince* appareilla. Même si nous avions tous manifesté une certaine insouciance pendant notre séjour newyorkais, nous poussâmes un soupir de soulagement en voyant le port s'estomper dans la brume et la pluie. Nous étions fermement convaincus que les poursuites s'arrêteraient là, que jamais personne ne viendrait nous chercher des poux sur la tête quand nous serions installés et prospères en Argentine. Ce qui montre bien que même des individus aussi méfiants et avertis que nous l'étions manifestent en certaines circonstances une naïveté redoutable.

La traversée dura un peu moins d'un mois, au bout duquel nous embarquâmes à Buenos Aires. Nous nous installâmes à l'hôtel *Europa*, qui était alors ce qui pouvait se faire de mieux. Nous y laissâmes une petite fortune, mais cela faisait partie du jeu. Officiellement, nous étions des hommes d'affaires fortunés et désireux de profiter des fabuleuses possibilités de développement de l'élevage dans les immenses étendues argentines.

Deux jours après notre arrivée, le Kid, je veux dire monsieur Harry D. Place, alla faire un dépôt de 12 000 dollars à la London & Platte River Bank, ce qui établit instantanément notre crédit sur la place et inspira respect et confiance. Munis de ces deux capitaux qui ne nous avaient pas coûté grand-chose, nous nous présentâmes à l'Office gouvernemental de la terre, où nous nous portâmes acquéreurs de 16 000 hectares à Cholilo, dans la province de Chubut, district du 16 octobre.

Nous ne comptions pas à l'origine descendre si bas, mais nous n'avions que modérément apprécié le climat de Buenos Aires, ce qui nous avait poussés à acquérir du terrain au sud de l'équateur, à une latitude proche de celle du Wyoming. Pour rejoindre les terres qui nous avaient donc été attribuées, nous dûmes prendre un vapeur jusqu'à Rawson. C'est à dos de mules que nous effectuâmes ensuite le restant du trajet.

Je ne vais pas vous narrer par le menu ce que fut notre vie en Argentine, mais comme nous le racontions aux amis restés aux États-Unis et que nous poussions à venir nous rejoindre, ce n'était vraiment pas mal du tout. Nous avions renoué avec la vie de notre jeunesse, à la différence que nous avions de l'argent, que nous étions nos propres maîtres et que nous n'avions de comptes à rendre à personne. Je crois bien que si les Pinkies n'étaient pas venus s'en mêler, nous serions toujours éleveurs dans la vallée de Cholilo.

Nous avions acheté plusieurs milliers de têtes de bétail et de chevaux et sur nos 16 000 hectares de grasse terre, j'aime autant vous dire que l'affaire tournait rond. En premier lieu, nous avions recruté pas mal de vaqueros, des spécialistes du lasso inégalables à cet art ; et puis le Kid et moi nous ne renâclions pas devant l'effort. Les trois années qui suivirent notre installation, nous nous sommes tués au travail, et, ça va vous paraître peu vraisemblable avec les habitudes de grande vie que nous avions prises, nous ne nous en plaignions pas.

Les propriétaires de la région ne cachaient pas leur admiration devant le boulot abattu. Allez demander un peu au docteur Newberry, le dentiste de Buenos Aires qui s'était retiré là et qui dirigeait un énorme rancho. Nous avions sympathisé. Le Kid moins, parce qu'il a toujours été un peu ours et qu'il a une tendance naturelle à se méfier des gens. Mais Etta et moi nous allions souvent passer la soirée chez lui. Aux yeux d'Etta, le docteur avait un argument irrésistible, un superbe piano à queue Steinway qu'il avait fait venir à prix d'or.

Donc, les affaires allaient pas mal du tout.

Je laissais souvent le Kid et Etta pour me livrer à des voyages, tantôt à cheval, tantôt en train, dans les pays limitrophes. Le Chili, d'abord, parce que c'était le moins lointain, et puis je m'enhardis et ce furent le Paraguay, la Bolivie et le Pérou. Je partais à chaque fois un mois ou deux et je crois que ça nous faisait le plus grand bien à tous. C'est au cours de ces déplacements que j'acquis une bonne connaissance de ce continent qui, uni, aurait pu faire trembler mon pays, mais où la domination espagnole avait laissé de telles plaies que haines et guerres civiles ou frontalières ne cessaient de sévir. Aussi, ce n'était presque partout que désorganisation, litiges, menaces d'intervention contre les pays voisins. Un état de crise permanente avec des gouvernements aussi fragiles que les feuilles d'érables à l'automne, des régions entières échappant à toute autorité, la loi et l'ordre n'existant que sur le papier.

Pour tout dire, cela me fit penser plus d'une fois à ma jeunesse, quand le drapeau américain ne comptait pas encore toutes ses étoiles et que le pays n'était pas complètement peuplé. Combien de fois alors, passant devant une banque mal gardée, ou pas gardée du tout, avec le premier poste de gendarmerie ou de l'armée régulière à plus de cinquante kilomètres, me suis-je fait la réflexion qu'il aurait suffi d'un bon cheval et de deux revolvers bien graissés pour ramasser le paquet !

Mais ces pensées, je les chassais aussitôt, et, de retour au rancho, jamais je n'en fis part au Kid ou à Etta. Nous n'avions plus besoin de cet argent et se remettre aux attaques aurait fait voler en éclat cette tranquillité d'esprit que nous goûtions depuis mai 1902. Pourtant, nous eûmes malheureusement bientôt l'occasion de mettre à profit toutes les observations que j'avais accumulées au cours de mes périples.

Le coup de tonnerre dans un ciel serein, ce fut un message en provenance du Wyoming. Alors qu'il revenait un jour d'une foire aux bestiaux à Bahia Blanca, le Kid m'avait confié qu'il avait eu la nette impression d'être surveillé. Je n'avais pas suggéré un instant qu'il ait pu se faire des idées. Quand on a eu le genre d'existence du Kid, on se rend compte de ces choses-là au moment même où elles commencent. Il avait très vite compris que l'homme qui s'intéressait à lui était un Américain du Nord, et il n'avait pas moisi sur les lieux.

Le message que nous adressaient des amis confirma l'analyse du Kid. Un éleveur du Wyoming, venu en Argentine pour acheter des bêtes plus résistantes, avait reconnu le Kid, réussi à apprendre son nom d'emprunt et s'en était allé monnayer sa découverte auprès des autorités et de l'agence Pinkerton. Un de ses agents, le dénommé DiMaio, dont je vous ai, je crois, parlé, négociait déjà avec les autorités de Buenos Aires pour obtenir l'autorisation de nous capturer sur le sol argentin. Ce qui nous avait sauvés, c'est que nous étions entrés dans la saison des pluies, que le Chubut était alors difficilement accessible, et qu'en outre l'isolement de notre rancho et son immensité faisaient risquer pas mal de déconvenues à ceux qui prétendraient nous y arrêter.

Nous tînmes un conseil de guerre. J'avais l'impression de revivre une situation déjà connue. J'avais désiré une première fois me ranger et on n'avait pas voulu me le permettre. Aujourd'hui c'était encore plus grave, plus injuste. Nous étions réellement rangés, nous faisions profiter beaucoup de monde de notre réussite, nous ne demandions qu'à nous faire oublier définitivement et voilà qu'on nous harcelait à nouveau. La décision fut vite prise : nous allions reprendre nos activités illicites. Mais à quoi bon vous narrer par le menu les actions que nous projetions alors ?

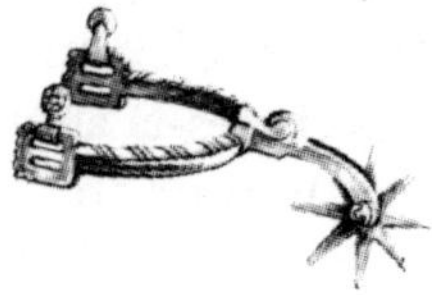

Il y a plusieurs mois que je n'ai plus touché à ces Mémoires, à la fois par manque de temps et parce que je me sens à plat et sans ressort. Mais aujourd'hui, je me force. Sinon, pourquoi avoir noirci autant de papier jusqu'alors ?

Les événements se précipitent. L'attaque de la banque de Mercedes, c'est déjà du passé. Nous avions reçu le renfort d'un autre Américain, Day, qui vivait d'expédients depuis qu'il avait dû quitter les États-Unis à la suite d'un règlement de comptes. Etta s'occupait des chevaux. L'affaire nous rapporta 20 000 dollars. Après une retraite de quinze jours de chevauchée, nous étions rentrés chez nous. Rapidement nous avions vendu à bas prix le bétail, les chevaux et le domaine. La vie d'errance recommençait.

Le Kid et Etta s'étaient donc séparés pendant leur voyage, et nous avions entamé ici une escalade dans le banditisme qui allait ne nous laisser aucun répit. Ce fut l'attaque de la banque de Bahia Blanca, toujours avec Day. Elle nous rapporta à nouveau 20 000 dollars, qui fondirent comme neige au soleil parce que la survie d'un hors-la-loi recherché par la police, l'armée et des agents de la meilleure agence de détectives au monde, ça coûte très cher. Nous étions en cavale.

C'est alors que ma connaissance d'autres pays d'Amérique du Sud se révéla précieuse. Nous passâmes en Bolivie et renouâmes avec les attaques de trains. À Eucalyptus, en Bolivie, mais aussi au Pérou, et il nous arriva même de retourner en Argentine une fois, à Rio Gallegos, déguisés en riches voyageurs anglais. Ce fut une des seules occasions où nous éprouvâmes quelque plaisir. Le Kid était monsieur Lewis Nelson et je m'appelai pour ma part monsieur Henry Thompson. Nous y restâmes presque deux semaines, jouant les riches éleveurs désireux de déposer leurs économies à la banque. Ce que nous fîmes d'ailleurs.

Nous les récupérâmes le dernier jour, avec un substantiel bénéfice. Il est vrai que pour l'occasion, nous avions troqué nos costumes de tweed pour des vêtements moins raffinés, et notre accent le plus affecté pour des Colt.45 très efficaces. Le Kid brandissait en outre, en roulant des yeux de dément, un rasoir bien effilé au-dessus de sa tête, ce qui sembla impressionner le caissier bien davantage que nos six-coups. Quand nous comptâmes l'argent, il y en avait pour 10 000 dollars.

Mais, ce jeu nous amuse de moins en moins, des affichettes apposées en nombre toujours plus grand promettent des récompenses qui sembleraient dérisoires aux États-Unis, mais qui représentent ici plusieurs mois de nourriture pour toute une famille. Les Sud-Américains sont assez fiers et en général le mouchardage leur est étranger, mais il faut bien dire qu'ils ne portent pas les Américains dans leur cœur.

Bien sûr, nous n'avons rien en commun avec le gouvernement des États-Unis d'Amérique, mais ils mêlent dans une même haine tout ce qui, de près ou de loin, ressemble aux Yankees. Et, il faut le reconnaître, nous sommes bien des « bandidos yanquis », comme le proclament les affichettes.

Nous avons, par la suite, réussi à travailler ici et là, à peu près honnêtement, comme mineurs ou convoyeurs de fonds — ça vous fait sourire et pourtant c'est la vérité, nous avons pris notre tâche avec sérieux ! — mais l'avenir est plutôt sombre. Nous ne passons plus deux nuits au même endroit, nous évitons les lieux dangereux, bars, auberges, cantinas. Il y a plusieurs mois que nous n'avons pas touché une femme.

Le Kid est de plus en plus sombre, taciturne, et je n'arrive même pas à lui arracher quelques mots dans une journée. Quelquefois, il se soûle et là il redevient un compagnon amène et agréable. J'essaie de rester sobre, sinon c'est la catastrophe assurée. Je ne sais pas si je pourrai reprendre un jour mon récit et je me rends compte que j'ai trop parlé de moi. Oh, j'aurais pu vous en dire encore beaucoup plus : comment j'ai commis l'attaque de Telluride, mes deux années de prison et ma libération du pénitencier pour bonne conduite, mais s'il me reste un peu de temps, je veux le consacrer à vous parler un peu du Kid, parce que le tableau que j'ai brossé de lui jusqu'à maintenant ne rend pas assez hommage au compagnon loyal qu'il a toujours été. Et puis je voudrais vous dire quelques mots aussi de la Horde Sauvage, parce qu'elle n'aurait peut-être pas existé sans Butch Cassidy, mais ce qui est sûr, c'est que Butch Cassidy n'aurait rien été sans elle. Et puis, s'il me reste un peu de temps encore, je le consacrerai à cette ordure de Mc Parland sur lequel je viens d'apprendre encore des choses qui défient l'imagination…

Cela devient vraiment de plus en plus difficile de trouver le temps de renouer avec vous, mes amis. Dégoter de quoi écrire est un véritable casse-tête alors que nous passons le plus clair de notre temps dans des forêts peu salubres. Pourtant, il y a quelques jours, j'ai pu faire confectionner une solide couverture de cuir à mes Mémoires par un vieux chercheur d'or qui vivait à Guadalupe avec son troupeau de chèvres, au milieu d'une véritable caverne d'Ali Baba, entouré de centaines d'objets qu'il ramassait à des kilomètres à la ronde et dont, la plupart du temps, il n'avait pas la moindre utilité.

Dans son fourbi, j'avais remarqué du matériel d'imprimerie. Avec de la peau de chèvre tannée, il eut tôt fait de réaliser une couverture plein cuir, et, un peu de poudre d'or, qui me coûta la peau des fesses, passée au pinceau sur la tranche, il imprima mon nom, avec une délicatesse remarquable, en se servant des plombs préalablement chauffés. Le résultat, je peux le dire, un relieur professionnel n'aurait pas à en rougir.

Le gros cahier que forment les pages que j'ai déjà écrites, et que je contemple le soir près des feux de camps de fortune qui sont à présent notre lot quotidien, m'inspire les pensées les plus contradictoires. Tantôt, je le considère pensivement en me disant « À quoi bon ? », tantôt, j'en caresse inlassablement le cuir doux et déjà patiné en me répétant qu'il faut que je continue. Mais, au fond de moi, le feu sacré s'étouffe, il faudrait être complètement aveugle pour ne pas se rendre compte que la fin est proche. Et si, demain, la mort me fauchait sans que j'aie pu tenir parole et vous causer un peu du Kid et de la Horde Sauvage, j'emporterais des regrets dans ma tombe. Alors, si vous le voulez bien, laissons un peu Butch Cassidy...

En 1896, le 19 janvier très exactement, William A. Richards, gouverneur du Wyoming, me proposa sa grâce, en échange de ma parole de rentrer dans le grand chemin. « Je ne puis promettre une chose pareille, gouverneur, mais si vous m'accordez votre grâce, je m'engage à ne plus rien tenter sur le territoire du Wyoming », voilà la réponse que je lui fis. Le gouverneur trouva l'engagement suffisamment intéressant et je pus sortir, six mois plus tôt que prévu, du pénitencier d'État du Wyoming où j'étais entré le 15 juillet 1894, matricule n° 187, pour purger une peine de vingt-quatre mois.

Cette année-là, en effet, avec un bon camarade, Al Raines, je m'étais établi, loin de l'Utah et de Telluride où l'on me réservait un sort peu enviable, près de Rock Springs, au Wyoming. C'est là d'ailleurs que je reçus ce nom de Butch. Si vous lisez, comme cela a déjà été imprimé ici ou là que ce surnom m'a été donné parce que j'ai travaillé comme boucher (12), laissez tomber ces fariboles. En réalité, un jour on était tous les trois à plaisanter, Al, Matt Warner et moi, et Matt avait une vieille pétoire, un fusil à aiguille avec un recul terrifiant qu'il nommait affectueusement « Butch », le « boucher », vous comprenez pourquoi. On était assis le dos tourné à un trou d'eau et il prétendait que je ne saurais pas tirer avec son arme. Comme je n'ai jamais su résister à ce genre de défi, j'ai empoigné la pétoire et... je lui ai donné raison. J'ai pris un coup de crosse fulgurant dans l'épaule, le coup est parti vers le ciel, et je me suis retrouvé dans la mare. Les deux autres riaient comme des dératés et Matt n'a rien trouvé de mieux que me surnommer « Butch ». Voilà d'où me vient ce sobriquet qui m'est resté et que j'ai fini par porter comme un titre de gloire.

Bref, après une période d'honnêteté totale, à laquelle la malchance, qui avait pris cette année-là la forme d'une épidémie de grippe, mit une fin prématurée en faisant mourir tous nos chevaux, nous nous étions établis avec Al comme voleurs et nous avions mis au point un système très simple que j'avais appris plus tôt auprès de Mike Cassidy. Nous volions des chevaux près de la frontière de l'État, leur faisions parcourir très rapidement de grandes distances, les mettions en pâture chez des amis et, une fois frais et dispos, les revendions très loin de leur lieu d'origine. Ce n'était possible qu'avec un réseau important de complicités actives ou simplement passives. C'est à cette époque par exemple que nous avons travaillé avec un type curieux, un Autrichien qui s'appelait Neibauer.

Je n'ai jamais su discerner si ce type disait la vérité ou si c'était le menteur le plus confirmé que j'aie pu rencontrer dans ma vie, mais ça vous sera certainement plus facile à vous de vous faire une idée. Matt, lui, était persuadé que Neibauer ne mentait pas. Il avait lu une fois dans un journal de l'Est quelque chose qui ressemblait fort à son histoire. Bref, ce Neibauer prétendait être autrichien et ancien aide de camp de l'archiduc Rodolphe[13]. Or celui-ci s'était suicidé un jour de 1889, par amour, à Mayerling, et comme il était impensable de révéler au peuple que son futur empereur avait pu se laisser aller à un acte d'une telle faiblesse, on avait fait croire à un complot et accusé ses camarades officiers avant de les exécuter à l'issue d'un procès à huis clos. Le seul qui en avait réchappé était ce Neibauer, qui avait réussi à s'enfuir à temps et à passer en Amérique.

Il avait travaillé plusieurs années dans les mines de l'Utah, avant d'arrêter à cause de rhumatismes particulièrement douloureux. Après quoi, je n'ai jamais su comment exactement, il s'était mis à travailler pour une bande de voleurs de chevaux à laquelle il rendait des services qui avaient trait au dressage, car c'était un cavalier hors pair. Il nous a maquillé des bêtes à plusieurs reprises et il faisait ça très bien. Et puis, nous l'avons perdu de vue lorsqu'il est parti pour le Colorado soigner ses rhumatismes, aux sources chaudes de Grand Junction.

Quoi qu'il en soit, à cette période, j'étais encore un peu trop sûr de moi. Pour tout vous dire, j'étais un peu tout fou et je n'aimais rien tant que faire des farces. Je me rappellerai toujours qu'avec Al et Jakie Snyder nous sommes rentrés une fois sur l'espèce de place où se trouvait le *M. Bar*, traînant un puma derrière nous. Je l'avais attrapé au lasso dans la montagne et on s'était dit qu'on allait apporter un peu d'animation au bar. Un puma, vous savez, ça n'a rien de terrible. Quelques mois plus tôt, une équipe de cow-boys texans, des durs de durs, avait capturé un grizzly tout près du ranch Padlock et ça c'était une autre paire de manches !

Tout ça pour dire que j'étais un peu tête en l'air et je m'étais fait arrêter en juin 93 pour le vol de quelques chevaux du ranch Padlock, justement. Le shérif n'avait pas pu apporter la moindre preuve de notre culpabilité, à Al et moi et, le 20 du même mois, on avait dû nous faire relâcher. Quelques jours plus tard, cependant, alors que je me reposais dans le ranch d'un fermier auquel nous avions fourni des bêtes une fois ou deux, j'entendis trop tard que les pas qui s'approchaient n'étaient ni les siens ni ceux de sa jeune fille. Mon arme pendait à ma ceinture accrochée au dossier d'une chaise. Je plongeai pour m'en emparer, mais deux shérifs que je ne connaissais ni d'Eve ni d'Adam pénétraient déjà dans la pièce.

Nous échangeâmes plusieurs coups de feu et je crois que j'aurais pu m'en tirer car les deux hommes — je le sus ensuite — ne se connaissaient pas bien, et ils se gênaient mutuellement, mais une balle me toucha au front, glissant heureusement le long de la tempe, m'y laissant le sillon qui traverse encore aujourd'hui ma chevelure au côté gauche.

Je ne m'évanouis pas mais j'étais bien sonné et on me passa les bracelets. Le reste, vous le connaissez et d'ailleurs il faut que j'écourte où je n'en arriverai jamais au Kid.

Donc, j'étais sorti du pénitencier, et j'avais donné ma parole de laisser le Wyoming en paix. Je n'avais qu'une chose à faire. Trouver une monture et gagner Brown's Hole où je retrouverais des garçons qui avaient de la vie à peu près les mêmes conceptions que moi.

À ce propos, il serait peut-être temps que je corrige une erreur qui a tendance à se transformer en légende et à laquelle, quand je n'y prends pas garde, j'ai tendance moi-même à contribuer. On nous appelle couramment la Horde Sauvage, soit, mais aussi, depuis l'attaque de la banque de Belle-Fourche, dans le Dakota du Sud, la bande du Hole-In-The-Wall (14), et ça, ça m'ennuie un peu parce que c'est inexact.

Le Hole-In-The-Wall, bien sûr, je le connais. Je l'ai fréquenté à plusieurs reprises, mais c'était surtout le repaire de la bande à Flat Nose George Curry et aux frères Logan, qui avaient établi leur quartier général dans une espèce de forteresse naturelle, bordée de montagnes abruptes, de falaises vertigineuses et truffée de cavernes et de passages secrets. Sur le flanc nord, la falaise était une paroi de roche violacée de trois cents mètres de haut qu'on appelait le « Mur Rouge ». Autant dire que ce repaire constituait un bastion inexpugnable. Mais il était trop loin de mon terrain de chasse familier.

J'avais d'abord, quand je travaillais sous les ordres de Mike Cassidy, beaucoup vécu au Robber's Roost, qui ressemblait furieusement au Hole-In-The-Wall, en un peu moins grandiose, et qui était niché sur le plateau désertique de Hanksville, au sud-est de l'Utah. Mais par la suite, mon Q.G., qui ne tarda pas à devenir celui de toute la Horde Sauvage, ce fut incontestablement Brown's Hole. La presse n'en parle pas, lui préférant le Hole-In-The-Wall, au nom plus évocateur, mais il s'agissait là de la place forte la plus soigneusement choisie qu'il ait pu se trouver. La preuve, c'est que la police et les détectives privés n'osaient jamais y venir et que les quelques rares tentatives auxquelles ils finirent par se livrer, pour faire taire les quolibets de la presse, se traduisirent par un échec cuisant.

Brown's Hole, j'étais tombé dessus alors que justement je cherchais un coin qui pourrait servir de lieu de recel aux chevaux et au bétail volés, et, très vite, il était devenu le lieu de rendez-vous de ceux qui allaient bientôt constituer l'ossature de la Horde Sauvage. J'avais trouvé un point au carrefour des trois États qui nous semblaient les plus prometteurs : le Wyoming — où je n'interviendrais pas personnellement puisque j'avais donné ma parole — l'Utah et le Colorado. Situé en plein dans les monts Uintah, non loin des villes de Rock Springs (Wyoming) et Vernal (Utah), Brown's Hole était cet endroit idéal.

Lorsque j'y arrivai, à ma sortie du pénitencier, je fis aussitôt envoyer des messages aux frères Logan et à George Curry. Je savais qu'au Hole-In-The-Wall il y avait eu du grabuge et je voulais présenter à ces garçons le résultat de dix-huit mois de cogitation en prison. Le temps n'était plus au simple trafic de bestiaux, qui faisait courir de nombreux risques et occasionnait beaucoup de travail pour un résultat assez modeste. L'avenir était à ceux qui se lèveraient assez tôt pour surprendre les trains à l'aube et les banques à la fermeture. À Brown's Hole, je fus accueilli les bras ouverts et, je crois bien, même avec une espèce de soulagement par mes compagnons qui se sentaient un peu perdus sans moi. Je connaissais à peu près tout le monde, excepté un grand type costaud, à la moustache fournie, qu'on me présenta comme Sundance Kid. Le gars avait passé deux années auprès des Logan et de George Curry, avant de rejoindre Brown's Hole, où, me dit-il le premier soir, il m'attendait. Nous ne mîmes pas longtemps à sympathiser et peu à peu, car ce n'était pas quelqu'un qui aimait à se livrer, j'appris des bribes de son histoire.

Il était arrivé au Hole-In-The-Wall alors qu'il était recherché au Wyoming et au Montana pour diverses affaires. Curieusement, l'une d'elles était l'attaque d'un train en 1892, à Malta, au Montana, là où nous allions remettre ça, presque dix ans plus tard, à l'instigation d'Harvey Logan, comme j'ai déjà eu l'occasion de vous le raconter.

L'affaire avait été chaude et les deux compagnons du Kid avaient été capturés et jetés en prison. Lui seul, grâce au sang-froid dont il ne se départait qu'exceptionnellement, réussit à échapper au posse qui s'était immédiatement formé. On avait alors lancé des avis de recherche l'accusant du meurtre d'un adjoint du shérif, mais le Kid m'a toujours juré que c'était un coup monté et qu'il n'avait tué, ni blessé d'ailleurs, personne en cette occasion. Je l'ai cru parce qu'il était toujours d'une franchise totale sur ses faits et gestes et qu'il ne se cachait pas d'avoir tué plusieurs types pendant la guerre du comté de Johnson. Car, de même qu'Harvey Logan et ses frères étaient devenus hors-la-loi parce qu'ils avaient été chassés des terres qu'ils cultivaient dans le Wyoming, le Kid ne se destinait pas spécialement au brigandage quand il était venu s'établir comme cow-boy dans le Wyoming après s'être loué au Texas pendant quelques années. Il était jeune alors, tout juste dix-sept ans, et les éleveurs qui l'employèrent comme dresseur au ranch Suffolk, près de Lodgepole Creek, au bord de la rivière Cheyenne, jurent encore aujourd'hui qu'en dehors d'une inclination réelle à la bagarre lorsqu'il avait un petit coup dans le nez, le Kid était un employé modèle, très bon cavalier, convoyeur parfait et tireur hors pair.

C'est à partir de 1879, que les choses se gâtèrent, avec ce que l'on a appelé alors la Guerre des Pâturages du comté de Johnson. Vous connaissez peut-être cet épisode peu glorieux de l'histoire de notre pays, mais si c'est comme pour le reste, il y a quelques risques qu'on vous ait refourgué la version officielle, celle des barons du bétail, de la viande et de leurs mercenaires, les Pinkertons et autres tueurs texans. Cette version, je vous la résume car la presse « libre » s'en est fait suffisamment l'écho sans que je l'accrédite en quoi que ce soit.

D'un côté, la puissante et honnête Association des éleveurs, victime de la crise et des vols incessants des vagabonds et des cow-boys peu scrupuleux qu'elle avait généreusement embauchés. De l'autre, la lie de la terre, petits fermiers, petits éleveurs de bovins ou de moutons osant venir faire pâturer leur bétail sur des propriétés privées, et ayant eu l'audace de se regrouper dans l'Association des propriétaires de ranches indépendants. Des « socialistes », selon la presse du Wyoming, et des voleurs.

Les premiers, lassés des actes de brigandage et de l'atteinte permanente à leur droits, lassés aussi de l'impéritie de la police, furent obligés de recourir à l'aide d'hommes courageux et respectueux des lois, de véritables justiciers, pour mettre la tourbe à la raison et faire respecter les lois américaines. Il y eut bien quelques morts, mais il fut prouvé que la responsabilité de l'Association des éleveurs du Wyoming était entièrement dégagée. En 1892, lors du procès qui marquera la fin de la guerre, l'accusation sera d'ailleurs incapable de produire le moindre témoin, et les poursuites seront abandonnées...

Voilà pour le côté face. Le côté pile est beaucoup moins reluisant, et je vais vous faire profiter de la version que donne toujours le Kid, et qui est celle de tous ceux qui ont participé aux événements sans être ni magnat du bétail, ni tueur à gages.

Tout avait commencé très tôt. En 1884-1885, le Wyoming, le Colorado, l'Idaho et le Montana avaient été victimes d'une sécheresse effroyable. Les bovins en souffrirent naturellement, et il y eut pas mal de pertes, proportionnellement beaucoup plus importantes chez les éleveurs les plus puissants, qui avaient à nourrir et faire boire des milliers de têtes sur des milliers d'arpents. En 1885, le marché en avait déjà pris un gros coup et voilà que l'hiver 85-86 bat tous les records de sévérité. Les mêmes éleveurs, qui d'habitude n'avaient qu'à se louer d'avoir accaparé des milliers d'hectares de bonne terre et de gras pâturages, se retrouvent dans l'impossibilité de maîtriser la situation. Des troupeaux entiers meurent dans la neige et la glace, on débauche par centaines les bouviers et les cow-boys. Curieusement, ces conditions dramatiques perturbent beaucoup moins les petits éleveurs.

Pourtant, depuis des années, qu'est-ce qu'ils ont pu en baver !

Ce sont de petits colons et des pionniers qui se sont installés là à la faveur du Homestead Act(15), à sa promulgation en 1862 ou après la guerre entre les États, comme on disait alors pour désigner la guerre de Sécession. Ils ont dû se partager des terres dont les gros éleveurs n'avaient pas voulu, parce qu'elles étaient trop loin d'une rivière ou d'un point d'eau fixe, et, pour pouvoir tenir et ne pas mourir de faim sur leur « Government Claim(16) », il leur a fallu se serrer les coudes. Mais sur leurs parcelles minuscules, avec des troupeaux n'excédant pas cent ou deux cents têtes, et en s'y mettant tous ensemble en cas de catastrophe naturelle, ils avaient été beaucoup moins frappés.

Surtout, ils étaient arrivés à comprimer leurs dépenses. De cette façon, ils réussissaient quelques bénéfices en vendant leur viande de bœuf ou de mouton à des prix nettement moindres que ceux des richards de l'Association des éleveurs du Wyoming. C'est alors que ceux-ci eurent une idée de génie. Ils décrétèrent que toute tête de bétail trouvée en possession de n'importe quel éleveur non-membre de leur association serait considérée comme volée, à moins que le propriétaire supposé fut en mesure de fournir une facture établie de ladite association ! Et s'il était incapable de produire un tel document, il serait instantanément assimilé à un voleur et susceptible de pendaison.

Au début, tout cela n'avait pas dépassé le stade de quelques échauffourées, mais quand Cattle Kate — la plus connue des porte-parole des petits éleveurs — et son compagnon Jim Averill eurent été pendus pour de bon, et Nate Champion, qui employait le Kid, abattu au ranch K.C., près de la Powder River, par un inconnu membre d'un groupe armé dirigé par un shérif nommé Canton, les hostilités furent officiellement déclarées. Après quelques jours de flottement dû au désarroi général, les petits éleveurs s'étaient regroupés en un front commun et certains d'entre eux avaient mis sur pied une milice de protection armée.

Vous vous en doutez, Kid ne donnait pas sa part aux chiens. Avec quelques autres, il était l'âme d'un parti de cavaliers qu'on ne tarda pas à appeler la bande des Ceintures Rouges, car ils se reconnaissaient à un foulard de cette couleur noué à leur taille.

Pendant ce temps, les barons du bétail ne restaient pas inactifs. La presse, qu'ils contrôlaient complètement, se mit à mener campagne, et jusque dans l'Est, contre les « rustlers boomtowns », les villes-champignons des voleurs de bétail. C'était Buffalo, naturellement, qui était visée, et il s'agissait de faire passer tous les petit éleveurs pour des voleurs et des tueurs. Mais comme la sauce ne prenait pas, ils ne tardèrent pas à en venir aux grands moyens.

En 1891, leurs agents s'en allèrent recruter des tueurs professionnels dans les États voisins, mais aussi au Texas, avec la bénédiction et l'aide financière du gouverneur du Wyoming qui fournit armement et facilités de transport. C'est ainsi que les mercenaires recrutés au Texas arrivèrent en wagons Pullman, à bord d'un train spécial affrété à Denver par une vieille connaissance, le responsable de l'agence Pinkerton, James Mc Parland.

Le regroupement de tous ces pistoleros, comme ils aimaient à s'appeler entre eux, eut lieu à Casper, au bord de la Powder River, en présence du gouverneur et des principaux représentants de l'Association des éleveurs, de gros banquiers et d'administrateurs des deux plus grandes compagnies de chemin de fer. Quelques heures plus tard, ils avaient assassiné plusieurs petits éleveurs et leurs familles, sans oublier Nick Rae, le bras droit de Nate Champion. En face, les Ceintures Rouges organisaient la riposte.

Pendant deux jours, le Kid et ses compagnons sillonnèrent toute la région, multipliant les attaques de francs-tireurs et appelant la population à se lever comme un seul homme. C'est pas pour rien qu'on a pu parler de la guerre du comté de Johnson, car il ne s'agissait nullement d'un conflit personnel entre deux ou trois personnes. La preuve que les petits éleveurs n'étaient pas les voleurs pour lesquels on avait voulu les faire passer, mais des petites gens dures à la peine, c'est que, peu après, des éclaireurs des Ceintures Rouges ayant localisé l'essentiel des forces des tueurs dans la propriété du plus gros baron du bétail, tout près de Kaycee, une ville nouvelle ainsi dénommée à cause du K.C. Ranch, c'est trois cent vingt hommes et femmes en armes — certains n'avaient que des coutelas, des fourches et des fléaux — qui assiégèrent la propriété en question.

Le Kid se rappelle que l'exaspération était si grande qu'il eut le plus grand mal, avec ses compagnons, à calmer les esprits et à persuader les gens qu'il fallait seulement bloquer toute sortie en attendant l'arrivée des troupes fédérales. Il faut reconnaître qu'il fut grandement aidé dans sa tâche par la présence du shérif du comté, qui promit de témoigner contre les bandes réfugiées dans le ranch. Pendant des heures, il y eut des échanges de coups de feu jusqu'à ce que le shérif eût réussi à parlementer, montrant aux tueurs que s'ils s'entêtaient à ouvrir le feu, ils couraient à un massacre généralisé. Le Kid — et c'est important de le savoir pour comprendre qu'il n'a jamais été le fou assoiffé de violence pour lequel on essaie parfois de le faire passer — se dépensa sans compter pour ramener les gens à la raison.

Quand les troupes se montrèrent enfin — un régiment de cavalerie de Fort Mc Kinney —, il y avait plus de six cents personnes menant la garde autour du ranch, dont beaucoup de femmes et d'enfants. Les soldats désarmèrent quarante-cinq tueurs et les appréhendèrent, protégeant leur sortie, car les gens les auraient volontiers lynchés. Les gros éleveurs, on ne les toucha pas. À Cheyenne, le juge fixa les cautions des mercenaires. Le lendemain, elles étaient toutes payées et, par petits groupes, ils s'évanouirent dans la nature sans attendre la date du procès... Quand celui-ci se tint enfin, seuls les responsables de l'Association des éleveurs du Wyoming s'y présentèrent. Mais les dés étaient pipés. Les deux témoins reconnus de l'assassinat de Nick Rae, William Walker et Ben Jones, avaient disparu. Les tueurs, en fuite, ne pouvaient plus être condamnés, même par contumace, et les gros éleveurs furent tous acquittés. Avant de rentrer dans leurs foyers, ils offrirent un repas au juge et aux employés du tribunal.

On apprit bien plus tard que les deux témoins avaient été kidnappés et emmenés à l'abri — pour les protéger ! — dans le Rhode Island...

Voilà qui était le Kid. Et, s'il n'avait pas été l'homme de la guerre du comté de Johnson, il ne m'aurait certainement pas impressionné comme il le fit dès que j'eus appris à lire au-delà du regard vide et borné qu'il affectionnait. De cette façon, les gens se sentant mal à l'aise, ils ne le dérangeaient pas dans son mutisme.

Le Kid devint vite mon coéquipier favori. Nous nous complétions. Il préférait faire confiance à ses intuitions et à son sang-froid, je n'aimais rien tant que mettre au point minutieusement nos interventions. Il était taciturne et renfermé, j'étais ouvert et souriant. Il avait tendance à laisser l'alcool le diriger un peu trop, je ne me soûlais guère qu'avec des mots. Nous étions très dissemblables et pourtant si proches. Je me rends compte que je parle comme si tout cela faisait partie d'un passé révolu, alors que nous sommes toujours très liés et que, vraisemblablement, nous le serons aussi un jour dans la mort, comme nous l'avons été dans la vie...

C'est avec le Kid que je pus véritablement mettre sur pied la Horde Sauvage. Brown's Hole avait vu affluer, dès que la nouvelle de mon arrivée eut été connue, des volontaires en brigandage et autres joyeusetés par dizaines. À l'été 1897, le 19 août très exactement, ce fut un véritable événement ; la sentinelle postée au-dessus du canyon de l'Homme mort arriva au galop en hurlant qu'une troupe d'au moins cinquante cavaliers venait d'emprunter le défilé. En un clin d'œil, armés jusqu'aux dents, nous avions rejoint les postes de combat soigneusement répartis, chacun sachant exactement ce qu'il avait à faire en pareille situation. Nous n'eûmes pas à tirer le moindre coup de feu. Ce n'était pas cinquante cavaliers qui arrivaient bride abattue, mais soixante-quinze, avec, à leur tête, Flat Nose George Curry et les frères Logan. La soirée fut chaude et l'alcool coula à flot. J'avais déjà croisé Curry et Harvey Logan, mais sans plus et le Kid, qui était resté avec eux pendant deux ans et qui les connaissait parfaitement, servit d'interprète, si j'ose dire, entre eux et moi. Curry et ses hommes avait abandonné le Hole-In-The-Wall à la suite d'une série d'incidents fâcheux. Comme il était superstitieux — c'est le cas de la plupart des hors-la-loi, mais moi ça m'a toujours fait rigoler parce que, chaque fois qu'il y a eu une bavure ou un os, c'était entièrement de notre faute — il avait levé le camp avec armes et bagages, et venait me trouver en réponse au courrier que je lui avais fait parvenir. La réalité, c'est qu'en moins de trois mois, il avait abattu le shérif William Deane au K.C. Ranch, avant d'échapper de justesse à un posse venu du Dakota du Sud après l'attaque de la banque de Belle-Fourche. Pendant son absence, Joe LaFors avait tenté un raid au Hole et avait réussi à descendre deux de ses meilleurs hommes. De son côté, le shérif Sproul enquêtait dans toute la vallée pour lui mettre sur le dos une affaire de bétail volé. Cela ne suffisait pas à l'affoler, mais sans aucun doute, il ressentait les mêmes nécessités que celles que j'avais abordées dans mon courrier.

C'est à cette époque que nous organisâmes la Horde Sauvage de façon efficace et rigoureusement structurée. Maintenant qu'elle n'existe plus que dans les mémoires de quelques-uns et les imaginations de beaucoup, je peux révéler, sans nuire à personne, quelques mécanismes et secrets de son fonctionnement. Tout d'abord se tint une réunion de constitution en cercle restreint. Y participaient ceux qui allaient constituer le Bureau de l'organisation. Très exactement, George Curry, Harvey Logan, Ben Kilpatrick, Bill Carver, Elza Lay, Bill Crusan, Camilla Hanks, Bob Meeks, Harry Tracy, le Kid et moi-même.

Lors de cette réunion, pas mal de choses furent décidées. Tout d'abord, pour que les deux bandes initiales ne se sentent pas lésées, il y aurait deux chefs, chacun issu de l'une d'entre elles. J'étais le premier, Harvey Logan le second, mais les autres membres du bureau n'étaient pas de simples exécutants. Chacun aurait droit au chapitre dans la préparation des coups et lors des réunions d'après-coups qui permettraient d'analyser comment l'attaque s'était passée et ce qui avait cloché.

Entre les membres du bureau, il n'y aurait ni ordres ni règles écrites. Les décisions seraient prises à une majorité des deux tiers, Harvey et moi disposant d'une voix prépondérante en cas de litige. Les instructions seraient verbales, les butins partagés en deux parties. L'une constituerait un fonds de roulement servant à payer les informateurs que nous entretiendrions dans les villes et qui nous signaleraient les coups éventuels, nous renseignant sur les chargements et les horaires, le nombre de gardes, les mouvements des posses. L'autre serait répartie équitablement entre tous ceux qui auraient participé d'une manière ou d'une autre à l'affaire. Ainsi, celui qui aurait gardé les chevaux ou préparé un relais toucherait autant que celui qui aurait dévalisé la banque ou le train.

Dans un coup, chaque détail a son importance et l'attaque la plus audacieuse peut foirer à cause d'un cheval mal choisi ou d'un relais trop éloigné ou au contraire trop proche.

Le Bureau, nous l'appelions entre nous l'Inner Circle(17). La Horde Sauvage allait aussi changer de nom. Puisque les grands magnats du bétail, des chemins de fer et de la banque s'associaient pour en finir avec nous, nous allions leur montrer que nos attaques étaient restées jusqu'alors bien timides et que, désormais, nous avions compris que le trafic de bovins ou de chevaux n'était que bagatelle. Ce qui allait nous mobiliser dorénavant, ce seraient uniquement leurs trains et leurs banques. D'autre part, pour les contrer, nous allions créer et nous rassembler en syndicat. C'est ainsi que naquit, à la place de la Horde Sauvage — deux ou trois groupes distincts de quinze à vingt individus chacun — le Syndicat des voleurs de trains, une véritable petite armée comptant, selon les moments, de cent à cent cinquante membres.

Au-delà de l'Inner Circle, le Syndicat comprenait deux autres groupes. Le premier était composé de compagnons qui avaient fait leurs preuves et qui ne décideraient de rien mais en qui nous pouvions mettre notre confiance. Nous les associerions aux coups importants qui nécessitaient une participation assez large. Ça ne servirait à rien que je vous donne les noms de tous les garçons qui en faisaient partie, mais Bob Lee, Lonny Logan, Tom O'Day, Bill Mc Carthy étaient les plus réguliers. Il faut ajouter, et ce n'est que justice, Laura Bullion, une brave fille qui fut un peu la maîtresse de tout le monde avant de s'attacher exclusivement à Ben Kilpatrick. À plusieurs reprises, elle montra, fusil au poing, gardant des relais pour assurer notre fuite, qu'elle valait largement le meilleur d'entre nous.

Le second groupe était aussi, et de loin, le plus nombreux, rassemblant des gens que nous utilisions au coup par coup. Des employés des chemins de fer, auxquels quelques verres de trop et de jolis billets verts avaient tourné la tête ; des caissiers de banque que des entraîneuses faisaient parler sur l'oreiller avant de les faire chanter. Dès qu'ils avaient été amorcés, nous leur faisions rencontrer l'un d'entre nous dans l'obscurité de la chambre d'un claque et nous leur donnions assez d'argent pour qu'ils pussent étouffer et leurs remords et toute velléité d'aller s'épancher dans le giron de leur supérieur.

Nous nous étions aussi adjoint les services de coiffeurs — un métier où l'on entend des tas de choses — de télégraphistes — ce qui nous rendit maints services et nous sauva la vie en au moins une occasion — et il n'y avait pas un bar ou un claque dans quatre ou cinq États qui n'ait eu parmi ses clients fidèles et aux grandes oreilles quelqu'un qui payait sa consommation de whisky ou de chair fraîche avec de l'argent ponctionné sur notre caisse de roulement.

Vous avez compris que ces deux groupes ne savaient jamais rien des décisions prises par l'Inner Circle. C'est à ce prix que nous tînmes assez longtemps, davantage en tout cas que toute autre bande de hors-la-loi. J'ajoute, mais je sais bien que vous ne me croirez pas sur parole, et pourtant je l'ai vécu, que si l'on eut tant de mal à nous combattre, malgré les dizaines de milliers de dollars promis pour notre capture, « morts ou vifs » comme on disait, c'est parce que nous avions une sorte de morale à nous.

Avant de nous rejoindre, chaque futur membre de la Horde Sauvage avait eu sa propre expérience de la vie. La plupart d'entre eux étaient des types honnêtes, victimes d'iniquités sans nombre. Certains auraient été de toute façon des hors-la-loi, mais dès qu'ils nous rejoignaient, ils ne s'appartenaient plus et il leur fallait se plier à nos règles ou nous quitter.

Pour les petits fermiers, les paysans sans terre, les cow-boys qui menaient la pire des existences contre quelques malheureux dollars, nous étions des amis. Mieux, nous étions leurs frères, mais des frères plus durs, plus sauvages, plus rebelles, qui en avaient eu marre, à un moment, de vivre à genoux.

Croyez-moi, des témoignages de sympathie, nous en avons reçu des centaines. La preuve ? Presque tous les grands bandits de l'Ouest sont morts d'une balle dans le dos, abattus par quelqu'un qui voulait toucher l'argent d'une prime, l'argent de la trahison. Ceux d'entre nous qui sont morts, et ils sont trop nombreux, de plus en plus nombreux, sont tombés sous les balles des shérifs ou des Pinkies. De face, en combattant.

En vous parlant ainsi, et en me relisant, je me rends compte que je parle de nous tous au passé, comme si nous étions déjà morts, comme si j'éprouvais le besoin de nous justifier. Pourquoi le cacher, c'est certainement le cas. Nous sommes des morts en sursis et bientôt nous serons confondus dans la masse des assassins anonymes.

Tenez, ici même, en Bolivie, la semaine dernière, des hors-la-loi, des Yankees comme nous, ont abattu trois personnes en se livrant à une minable petite attaque de banque, comme ça, presque pour le plaisir. Sans attendre, les journaux nous ont mis ça sur le dos. C'est pourquoi j'essaie de vous expliquer quelques dernières petites choses.

Je n'ai plus assez de temps devant moi pour reprendre ces Mémoires, pour leur donner un semblant de construction et de suivi. À chaque page, je m'en aperçois maintenant, j'annonce que je vais évoquer telle ou telle période, tel ou tel événement, et je ne le fais pas. Que vous sachiez exactement à combien d'attaques de banques ou de trains j'ai participé, est-ce là l'important ? Ce que je voudrais avoir réussi, c'est vous montrer un état d'esprit, celui qui animait des garçons comme Elza, Matt, le Kid ou moi.

Je ne cherche aucune excuse et je n'ai pas honte de ma vie, mais je suis sûr que si nous n'avions pas rencontré très tôt l'injustice sur notre route, nous aurions certainement tourné différemment...

La nuit est presque tombée et je n'y vois plus grand-chose sous ma lampe à pétrole. Demain, nous allons tenter un nouveau coup. Il ne me plaît qu'à moitié mais nous sommes au bout du rouleau. On va s'emparer de la paie des mineurs d'Aramayo. Un convoi de mules censées transporter du sel, des outils et de la dynamite pour la mine. Un travail de tout repos, si nous ne tombons pas sur des concurrents, plus à craindre que les convoyeurs, de pauvres diables qui doivent vraiment crever de faim. S'ils avaient le choix, j'aime autant vous dire qu'ils feraient un autre boulot ! Enfin, dans leur malheur, ils auront encore la chance de tomber sur nous. On se contentera de leur faire peur...

Avant de vous laisser, j'ai encore quelque chose pour vous, un truc incroyable que j'avais promis de vous raconter. Vous savez ce que j'ai appris l'autre jour en lisant un journal bolivien — parce que maintenant je me débrouille pas trop mal en espagnol ? Écoutez bien. L'article était intitulé « Acquittement triomphal des révolutionnaires Moyer, Haywood et Pettibone ». Je l'ai lu en entier parce que deux noms en gras avaient attiré mon attention. L'un était celui de Jack London, sans doute l'écrivain le plus célèbre des États-Unis, et l'autre celui de James Mc Parland.

L'écrivain avait publié un article, « Quelque chose de pourri dans l'Idaho (18) », qui avait été, selon le journal que je lisais, reproduit à plusieurs centaines de milliers d'exemplaires, et dans lequel il accusait Mc Parland d'avoir monté de toutes pièces, avec des faux témoins, une machination destinée à faire condamner à mort des syndicalistes d'un mouvement révolutionnaire très actif dans les mines du Colorado et de l'Idaho, les Industrial Workers of the World. Mc Parland était, au moment des faits, c'est-à-dire l'assassinat de l'ex-gouverneur de l'Idaho, Frank Steunenberg, à la tête de l'agence Pinkerton de Denver. Il fut aussi, par la suite, enquêteur principal désigné par le gouverneur en titre de l'Idaho, Frank B. Gooding, et, en même temps, responsable de la sécurité de l'Association des propriétaires de mines du Colorado.

Il ressortait de l'article qu'on avait pu prouver que Mc Parland avait créé un nouveau syndicat bidon, qu'il avait fait fabriquer des tracts revendiquant l'assassinat et qu'il avait soudoyé de faux témoins. Heureusement le journal annonçait que la machination avait fait long feu et que le procès avait abouti à l'acquittement des inculpés. Vous vous rendez compte les ordures à qui nous avions affaire ! Et ces types-là, ne croyez pas qu'une affaire pareille ça suffise à les couler. L'article du journal n'était pas d'hier et datait de septembre 1907. Il y a deux ans aujourd'hui. Mais Mc Parland, lui, est toujours en place !

Ce n'est pas tout. Le Kid et moi avons appris qu'en plus de DiMaio, nous avions à présent le dénommé Siringo aux trousses. Cette espèce de salopard qui avait réussi à infiltrer la Horde vers 1899-1900...

Bon, j'arrête là. Je vous donne des nouvelles dès que j'ai un moment de libre, et, ce coup-ci, c'est promis, j'essaierai de reprendre avec un peu plus de méthode ce que je ne vous ai pas encore raconté...

EN GUISE D'ÉPILOGUE...

C'est sur cette promesse non tenue, et pour cause, que se terminaient les Mémoires inachevés de George LeRoy Parker, *alias* Butch Cassidy. Outre la feuille froissée qui avait servi à l'établissement du reçu remis par Mc Parland à Charles Siringo, un autre document accompagnait le volume. Une longue enveloppe, dont le verso avait été collé sur la troisième page de couverture. L'enveloppe est toujours à Denver, Colorado. Mais son contenu, plusieurs feuilles manuscrites à en-tête de l'agence Pinkerton, est à l'abri, quelque part.

Je ne suis pas un voleur. Je ne cherche pas à m'approprier des découvertes dues au hasard. C'est pour cela que, pour la première fois, le contenu du rapport des Pinkertons va être rendu public, ici même, dans ce livre. Je garde l'original, momentanément, au cas où s'élèveraient des contestations.

Roger Martin

Charles A. Hayden/Bill Sayes... Rapport du 6 février 1926. Correspondant : James Murdo. Agence Pinkerton. Denver.

Comme nous en étions convenus lors de notre rencontre du mois de décembre, nous avons enquêté sur le sujet qui vous préoccupait et nous pouvons aujourd'hui confirmer formellement la mort à San Vicente, Bolivie, en juillet 1909, de George LeRoy Parker, dit Butch Cassidy, et de Harry Longabaugh, dit le Sundance Kid.

Nous avons envisagé toutes les possibilités évoquées lors de la réunion de travail avec les représentants de la Union Pacific, de la Cattle Association Inc. et de la Denver et Rio Grande Bank et tenu le plus grand compte des remarques émises par les gouverneurs du Wyoming, de l'Utah et du Colorado.

Aucune piste n'a été négligée, comme en témoigne le compte rendu qui suit.

Il faut signaler préalablement que l'Histoire, récente comme passée, nous a habitués à ce type d'affaires. Il n'existe pas de cas où la mort de hors-la-loi n'ait, même lorsque toutes les évidences s'imposaient, suscité les bruits les plus divers et les légendes les plus incroyables.

Cela dit, venons-en aux différents témoignages tendant à laisser croire ou établir que George

LeRoy Parker n'aurait pas trouvé la mort aux lieu et date précisés ci-avant, et commençons par celui de Robert Hildebrand, qui prétendait que Butch Cassidy n'était pas mort en 1909, qu'il était retourné se cacher à Brown's Hole. Plusieurs témoins ont confirmé que, contrairement à ses assertions, Hildebrand n'avait jamais rencontré personnellement Cassidy, ou en tout cas, le bon Cassidy. Nous avons pu acquérir la certitude qu'Hildebrand, comme plusieurs autres personnes, avait confondu Butch avec son jeune frère, Charlie Parker. Celui-ci est le seul autre membre de la famille Parker qui ait eu maille à partir avec la justice après avoir participé à quelques-unes des premières actions délictueuses de son aîné, et vraisemblablement à l'attaque de la banque de Telluride en 1889.

Après plusieurs années passées comme cow-boy et au cours desquelles il avait donné toute satisfaction, il tenta de rejoindre la bande de son frère lorsque celui-ci sortit du pénitencier du Wyoming, mais, pour des raisons que nous ignorons, Butch Cassidy refusa ses offres. Après une période où il ne fit plus parler de lui, Charlie Parker s'est signalé en dérobant les sacs de la paie au contremaître d'une des plus grandes compagnies de bétail du Wyoming. Ce vol lui rapporta 7 000 dollars avec lesquels il s'acheta un ranch au Kansas où il vécut sans histoires pendant presque dix ans, écoulant son argent avec infiniment de précaution. Le contremaître ayant marqué plusieurs billets dans les liasses, la femme de Parker fut appréhendée un jour qu'elle essayait de les passer. Arrêté à son tour, Charlie Parker fut condamné à dix ans d'emprisonnement, mais n'accomplit qu'un peu plus du tiers de sa peine, l'argent volé ayant été remboursé par la vente de son ranch. C'est à sa libération qu'il fut repéré à plusieurs reprises à Brown's Hole, avant de disparaître à jamais de la circulation. Une ressemblance certaine avec son frère est vraisemblablement à l'origine de la méprise de Hildebrand.

Une deuxième assertion n'a pas révélé plus de consistance. Anthony Ivins, premier conseiller du président de l'Église mormone, qui avait bien connu Butch Cassidy enfant, a affirmé à plusieurs reprises que celui-ci n'était pas mort et qu'il vivait dans l'Idaho sous un nom d'emprunt que l'amitié l'empêchait de dévoiler.

Maximilian Parker, qui est bien vivant et vit toujours à Circleville, a formellement démenti. Si son fils était toujours vivant, nous a-t-il déclaré, il n'aurait pas manqué d'essayer de le voir. La dernière fois qu'il l'a rencontré — le mot est inexact, car M. Parker était caché dans son grenier et il s'est contenté de regarder son fils à travers les planches disjointes — c'était, selon ses dires, le 2 mai 1905, lorsque Butch Cassidy est venu rendre un dernier hommage à sa mère décédée. Ce qui, signalons-le au passage, confirme l'excellence des informations fournies par le gouverneur de l'Utah. Maximilian Parker prétend qu'Ivins a cherché à nuire à sa famille, qu'il n'a jamais manifesté la moindre sympathie pour Butch, considérant au contraire que tous les « exploits du bandit mormon » ne pouvaient qu'attirer l'attention sur l'Église dont il était un des représentants les plus éminents.

Autre révélation totalement inconsistante, celle de John Wesley Warf, qui prétend avoir rencontré Cassidy dans le saloon que Matt Warner avait ouvert à Price, après sa sortie de prison. Il situe la scène en 1915. Nous avons rencontré Matt Warner, qui reste très attaché à la personne et au souvenir de Butch Cassidy et qui nous a raconté que tout cela n'était qu'une légende. Selon lui, Warf est un des plus grands blagueurs de la terre et Matt avait voulu le prendre à son propre piège. Un jour, Warf est venu boire un verre. Lui désignant d'un mouvement de tête un homme, de dos, au fond de la salle, Warner lui a demandé : « Tu sais qui c'est ? », l'autre a répondu par la négative et Warner a repris, le laissant sans voix : « C'est Butch Cassidy. Il va rester quelque temps chez moi ; garde ça pour toi. »

On peut faire confiance à Matt Warner. Je ne peux en dire plus ici à ce sujet, mais son cas est fort intéressant et son histoire permet de répondre à quelques-unes des suppositions ou affirmations qui courent sur la mort de Cassidy. Quand on annonça sa mort et celle du Kid, la plupart des membres de la Horde Sauvage étaient déjà morts ou en prison. Mais deux des plus fidèles amis de Butch avaient recouvré la liberté. L'un était Elza Lay et l'autre Matt, justement. Au début, ils crurent que c'était encore une manigance de leur ancien chef, une rumeur à laquelle lui-même avait donné naissance et qui lui permettait de rentrer au pays sous une autre identité. Mais, alors que Butch avait écrit couramment à l'un ou à l'autre au cours de ses années en Amérique du Sud, après l'annonce de sa mort, personne ne reçut plus le moindre courrier. C'est alors que Matt Warner et Elza Lay décidèrent d'en avoir le cœur net et d'engager des détectives qui iraient enquêter sur place. Ils n'étaient pas les seuls à se poser des questions et, comme les deux anciens hors-la-loi vivaient plutôt modestement et n'avaient pas de quoi financer l'expédition et les recherches, ils prirent l'initiative d'une collecte. Chaque participant s'engageait pour un don de 125 dollars et il n'était pas interdit d'aller au-delà.

La liste approximative des donateurs a été reconstituée et figure aux documents joints à ce rapport. Vous constaterez la présence de gens très divers, d'anciens acolytes de Cassidy, ce qui n'est guère surprenant, mais aussi de notables, tels Charley Gibbons, honorable commerçant de Hanksville ou le docteur J.W.K. Bracken, un capitaliste à la retraite qui fut trente ans plus tôt l'un des plus grands propriétaires de bétail des Monts Henry. Nous avons pu avoir connaissance par Matt Warner du rapport des détectives Burton et Walker, qui menèrent l'enquête en Bolivie, et d'un certain Sattell, chargé de notre pays. Les détectives s'étaient rendus sur les lieux de l'assaut final. Ils avaient interrogé des soldats survivants et obtenu des photographies des cadavres. Ils avaient rapporté le tout à leurs clients. Seul le docteur Bracken, alors très âgé et incapable d'y voir bien clair, n'avait pas reconnu Butch Cassidy, alors qu'il se montrait formel pour Harry Longabauh, dit Sundance Kid. Bracken prétendait que le plus petit des deux cadavres était celui de Tom Dilley, un comparse sans envergure de la bande du Hole-In-The-Wall, qui aurait lui aussi gagné l'Amérique du Sud après un braquage désastreux à Greenriver.

Tous les autres furent convaincus du contraire. Matt Warner le premier, qui ne put s'empêcher de pleurer devant les corps déchiquetés par les balles que présentaient les photographies. Elza Lay manifesta les mêmes certitudes et la même émotion.

Parmi les autres mystères que nous avons

résolus figure d'abord celui de Harry Ogden, qui avait connu, alors qu'il était adolescent, la plupart des membres de la bande Cassidy et qui prétendait avoir rencontré celui-ci en 1923 dans un saloon, près du chantier du barrage international, à la frontière mexicaine. Cassidy lui aurait affirmé vivre sur une petite île au large de la côte. De toute évidence, Ogden a mélangé ses souvenirs. L'homme qu'il a rencontré, car cela ne fait aucun doute, est Elza Lay, le meilleur ami de Cassidy, avec Warner, à leurs débuts dans le crime.

Quant au dernier témoignage, il repose aussi sur une confusion, mais qui porte cette fois sur les noms. Un mormon de Cedar City, Henry Bowman, alors membre de la colonie mormone de Mexico, capturé par les troupes de Pancho Villa et condamné à mort, n'avait dû, selon lui, son salut que dans l'intervention de Butch Cassidy, alors résident privilégié au Mexique et ami intime de plusieurs révolutionnaires en vue, parmi lesquels Villa lui-même et Jesus Razza[(19)]. L'anecdote est confirmée de plusieurs sources, mais le Cassidy en question n'est pas Butch. Il s'agit de Mike Cassidy qui fut cow-boy au ranch de Maximilian Parker avant de se livrer au grand banditisme. C'est d'ailleurs cet homme qui fit l'éducation du jeune LeRoy Parker, lequel adopta son nom en matière d'hommage.

Voilà le bilan de nos recherches. Toutes confirment absolument la mort de Cassidy. J'ajouterai que j'ai connu personnellement le détective Charles A. Siringo, qui fut chargé à l'époque par notre maison de traquer la bande de Cassidy. Il connaissait parfaitement Cassidy et le Kid et se trouvait en mission en Bolivie lorsqu'ils furent abattus. Or,

Siringo n'a jamais émis le moindre doute sur l'identité des cadavres. D'ailleurs, il donne, dans son livre *A Cowboy Detective*, paru en 1912, tous les détails de la fin des deux bandits. Je sais par expérience que les démentis les plus formels et les preuves les plus éclatantes ne parviendront jamais à convaincre ceux qui ont enfourché une chimère. Mais je suis persuadé que vos clients, qui entendent être fixés une bonne fois, sont d'une toute autre espèce que les millions de naïfs et de gobe-lune qui semblent peupler notre pays.

Votre dévoué,
Charles A. Hayden

On me permettra de mettre en doute l'information essentielle de ce rapport, dont je ne peux par ailleurs que louer le sérieux, le sens du détail et le parfum d'authenticité. Certes, Charles A. Hayden est sans aucun doute dans le vrai. Au sens biologique du terme, Butch Cassidy est mort.

Mais, comme dans ce mot involontairement comique d'un homme politique au sujet d'un de ses semblables : « Il est des morts qu'il faut tuer deux fois. » Et encore.

Depuis Homère, on le sait bien, on ne tue pas les légendes.

Roger Martin

NOTES DU TRADUCTEUR

1. "Comme je me baladais dans les rues de Laredo,
Comme je me baladais dans Laredo un jour,
J'ai vu un jeune cow-boy, en tenue de toile blanche,
En tenue de toile blanche et habillé pour la tombe..."
"Autrefois en selle j'allais au galop,
Autrefois en selle j'avais fière allure,
Je me suis mis à boire puis à jouer aux cartes,
J'ai pris une balle en pleine poitrine et aujourd'hui je vais mourir..."
The Streets of Laredo, connue aussi sous les titres de *The Dying Cowboy* ou *The Cowboy's Lament*.

2. Industrial Workers of the World, plus connus sous le signe I.W.W et sous l'appellation de Wobblies, né en 1905 à Chicago, le grand syndicat révolutionnaire américain. Partisan de la lutte des classes, syndiquant les ouvriers sans distinction, qualifiés ou pas, Blancs ou Noirs, hommes ou femmes. Chantés par Woodie Guthrie et Pete Seeger, héros épique et multicéphale des œuvres de Upton Sinclair, Jack London, Frank Norris, B. Traven ou James Jones. L'autre Amérique. Celle aussi d'un de ses membres, Joe Hill, poète et chanteur, fusillé le 19 novembre 1915 à l'issue d'un procès truqué, après avoir été accusé injustement de meurtre.

3. Du nom d'un éleveur du Texas, Samuel Maverick, propriétaire de tant de bovins qu'il était impossible de les surveiller efficacement. Non marqués, certains

prenaient le large et étaient « récupérés ». D'où le sens de « non marqué », « indépendant ».

4. Nickelodeon : mot à mot « odéon à cinq cents ». En Grèçe, édifice consacré aux chants, à la musique, au théâtre, d'où ici salle de spectacles bon marché où l'entrée coûtait un nickel, soit une pièce de monnaie en nickel de 5 cents.

5. Le bowie-knife est un couteau inventé selon les uns par Rezin P. Bowie et pour d'autres — les plus nombreux — par le « colonel » James Bowie, l'une des trois légendes d'Alamo. Couteau redoutable en tout cas : longueur 21 cm, largeur 3 cm et une garde solide.

6. Paddy : surnom donné aux Irlandais ou aux Américains d'origine irlandaise. Cf. la chanson *Paddy Works on the Erie*. Paddy est naturellement un diminutif de Patrick.

7 . W.A.S.P. : White (blanc) Anglo-Saxon Protestant, surnom donné à l'origine aux conservateurs d'origine anglo-saxonne. Par extension, l'Américain réactionnaire et raciste.

8 . Tom Horn sera le héros de plusieurs films de télévision ou de cinéma. C'est Steve Mc Queen qui lui prètera le dernier ses traits dans *Tom Horn, le hors-la-loi* de William Wiard. Un film à demi-raté qui montre un Mc Queen terriblement marqué par la maladie qui allait l'emporter la même année 1980.

9. Le recueil s'appellera en réalité *Songs of the Cattle Trails and Other Songs* et sera publié chez Macmillan Company à New York, en 1919. En 1938, John A. Lomax et son fils, Alan, publieront une édition revue et augmentée intitulée *Cowboys Songs and Other Frontier Ballads*. On signale dans les deux volumes que la version proprosée de *Whoopie-Ti-Yi-Yo* a été recueillie

dans la région de Fort Worth au tout début des années 1900.

10. *The Right of the Road : A Hazardous Rencounter on a Rocky Mountain Trail*. 1901. Peinture à l'huile (69,3 cm/102,3 cm). Bien qu'il l'ait rencontré au Texas, c'est au Colorado, tout près du Wyoming, où se trouvaient les repaires de la Horde Sauvage que Remington situe le sujet de sa toile.

11. Robert Burns (1759-1796). Poète écossais dont les œuvres, pour la plupart en dialecte, exaltent les choses simples de la vie de tous les jours, la nature, le village, l'amour, les joies et les peines des hommes. Le poème d'où est tirée cette citation qui servira de titre à un magnifique roman de John Steinbeck en 1937 s'intitule « À une souris que j'avais déterrée de son nid avec ma charrue, novembre 1785. »

12. Butcher : boucher en anglais.

13. Un Neibauer figure bien au nombre des aides de camp de l'archiduc Rodolphe si l'on en croit — et pourquoi ne les croirait-on pas ? — les archives autrichiennes.

14. Hole-In-The-Wall, Brown's Hole, Robbers' Roost, signifient respectivement le Trou dans le mur, le Trou de Brown, le Nid de Voleurs.

15. Homestead Act : loi votée en 1862 accordant 65 hectares de terre libre à tout colon pouvant prouver cinq ans de séjour ininterrompu au même endroit. Ces concessions furent bien vite morcelées en parcelles beaucoup plus modestes.

16. La « concession gouvernementale » était rarement une sinécure. Butch Cassidy fait ici allusion à une chanson très ironique et très populaire, *My Government*

Claim, dont le « héros », le homesteader Tom High, explique qu'il meurt de faim sur sa parcelle.

17. Le cercle restreint, si l'on veut. Mais Cassidy et sa bande jouent sur les mots. L'Inner Circle signifie aussi, en vocabulaire ferroviaire, la "petite ceinture".

18. *Something Rotten in Idaho (Quelque chose de pourri dans l'Idaho)*, allocution de Jack London, prononcée au cours d'un meeting au Dexey Theater d'Oakland, publiée le 4 novembre 1906 dans le *Socialist Daily* de Chicago. Reprise un peu partout, dans les journaux progressistes et sous forme de tract. Texte disponible dans *Yours For the Revolution*, Jack London, Ed. 10-12, n° 1167.

19. Ce Jesus Razza serait-il le personnage qui a inspiré le metteur en scène Richard Brooks dans son extraordinaire *Les Professionnels* et dont Jack Palance jouait le rôle ?

BIBLIOGRAPHIE

On trouvera, épars, des renseignements et des anecdotes souvent controuvés sur Butch Cassidy, le Kid et la Horde Sauvage dans les ouvrages suivants :

ELMAN ROBERT, *Les Hors-la-loi du Far West*, Nathan, 1977.
Un ouvrage somptueux, à l'iconographie exceptionnellement riche. Pas d'erreurs, mais des partis pris aux antipodes des nôtres.
RÉOUVEN RENÉ, *Dictionnaire des Assassins*, Denoël, 1986.
Un régal, qui ne consacre cependant que peu de place à Butch Cassidy et au Kid, mais c'est la règle dans ce type d'ouvrage.
RIEUPEYROUT JEAN-LOUIS, *Histoire du Far-West*, Tchou, 1967. La Bible !
STAMMEL H.J., *Shérifs, hors-la-loi et bandits*, D.V.A., 1975.
Bonne vulgarisation. Quelques erreurs cependant.
STAMMEL H.J., *Les Armes à feu des pionniers*, D.V.A., 1976.

Enfin, on ne peut passer sous silence l'extraordinaire *Le Crime à l'américaine*, de Frank Browning et John Gerassi, Fayard, 1981, malgré la place limitée consacrée à la Horde Sauvage ; ni deux ouvrages américains introuvables mais capitaux, en dépit de versions qui s'opposent parfois : *The Wild Bunch*, de Allan Swallow (Sage Books, Denver, 1966) et surtout *The Outlaw Trail*, de Charles Kelly (Devin-Adair Company, 1959), édition revue et élargie d'un ouvrage édité à compte d'auteur par Kelly en 1938, regorgeant de faits et d'anecdotes confiés à l'auteur par des survivants de cette époque héroïque.

FILMOGRAPHIE

Butch Cassidy et le Sundance Kid ont été l'objet d'au moins huit longs métrages. Cassidy a été respectivement incarné par Tom Beranger, Neville Brand, John Doucette, Gene Evans, Tex Gates, Arthur Hunnicutt, Paul Newman et Howard Petrie. Le Kid, pour sa part, l'a été par William Bishop, Scott Brady, Alan Hale Jr., Russell Johnson, William Katt, Arthur Kennedy, Ian Mac Donald, Robert Redford et Robert Ryan. Deux films émergent de cette abondante filmographie.
Le premier est naturellement *Butch Cassidy et le Kid*, de George Roy Hill, en 1969. Un régal absolu. Aux côtés de Paul Newman et Robert Redford, on trouvait l'exquise Katharine Ross et les valeurs sûres : Strother Martin, Jeff Corey.
Le second, *Les Joyeux Débuts de Butch Cassidy et le Kid*, bien que réalisé dix ans plus tard par Richard Lester, se passe, comme son titre l'indique, beaucoup plus tôt. Tom Beranger (Butch) et William Katt (le Kid) sont parfaits, mais, malgré des paysages magnifiques et une atmosphère réussie, le film souffre d'autant plus de la comparaison

avec son modèle que le scénario est très lâche.
Il faut en outre mentionner deux téléfilms bâtis autour du personnage d'Etta Place. Le premier, *Mrs Sundance*, avec Elizabeth Montgomery, réalisé par Marvin Chomsky, en 1974, raconte la vie d'Etta Place après la mort du Kid. Le second, aux deux titres, *Wanted : The Sundance Woman* puis *Mrs Sundance Rides Again*, en français : *On recherche la femme de Sundance*, tourné en 1976 par Lee Philips, voit Katharine Ross reprendre du service. Hélas, le charme est rompu et on ne croit pas un instant à cette lourde histoire de trafic de fusils au profit de... Pancho Villa.
Signalons enfin l'existence d'un court-métrage de Robert Crawford, intitulé *The Making of Butch Cassidy and the Sundance Kid* qui raconte le tournage du film de Georges Roy Hill. Et un magnifique album signé Robert Redford : *La Piste des Hors-la-Loi.*

CRÉDITS ICONOGRAPHIQUES

P. 23. Sigle de l'agence Pinkerton.© Pinkerton Inc. *D.R.*
P. 26. D'après Frederic Remington. *D.R.*
P. 61. Le maniement des explosifs peut créer des surprises. Photo X, *D.R.*
P. 71. La seule photo connue de la Horde Sauvage. Photo X, *D.R.*
P. 80. Archives du traducteur.
P. 84-85. *The Right of the Road, A Hazardous Rencounter on a Rocky Mountain Trail*, huile sur toile de Frederic Remington, 1900. © Amon Carter Museum, Fort Worth.
P. 132. Charles A. Siringo et W.O. Sayles en personne. Photo X, *D.R.*

TABLE

Le point de vue de l'imprimeur :

Impression et façonnage par

IMPRIMERIE
FRANCE QUERCY
CAHORS

Dépôt légal : février 1994 - N° d'impression : 40086 D